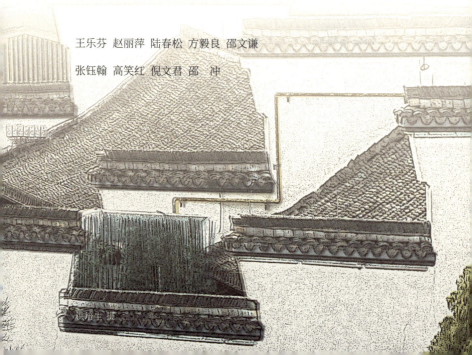

洪皓生　摄

章太炎讲述系列

章太炎
国学讲演集

张冥飞　严柏梁——编注
杨　焄　方之悦——整理

上海人民出版社

图书在版编目(CIP)数据

章太炎国学讲演集 / 张冥飞，严柏梁编注 ；杨焘，方之悦整理. -- 上海 ：上海人民出版社，2024.
(章太炎讲述系列). -- ISBN 978-7-208-19205-8

Ⅰ. Z126.27-53

中国国家版本馆 CIP 数据核字第 20244GK749 号

责任编辑　高笑红
封面设计　赤　徉

章太炎讲述系列

章太炎国学讲演集

张冥飞　严柏梁 编注
杨　焘　方之悦 整理

出　　版　上海人民出版社
　　　　　（201101　上海市闵行区号景路 159 弄 C 座）
发　　行　上海人民出版社发行中心
印　　刷　浙江新华数码印务有限公司
开　　本　850×1168　1/32
印　　张　6.75
插　　页　3
字　　数　154,000
版　　次　2024 年 11 月第 1 版
印　　次　2024 年 11 月第 1 次印刷
ISBN 978-7-208-19205-8/K·3434
定　　价　68.00 元

目 录

导　言

　　从清末民初开始，面向普通民众的公开演讲活动逐渐开始兴盛，在信息传播、知识普及和文体改造等诸多方面都产生了前所未有且无可替代的重要作用。受到这股时代新风气的影响，即便是章太炎这样的旧派学者，也忍不住跃跃欲试，只不过初登讲坛时因为缺乏经验，免不了还有些手足无措、左右支绌。马叙伦就调侃过光绪末年章氏在上海张园集会当众演说时的糟糕表现："登台不自后循阶拾级而上，辄欲由前攀援而升。及演说不过数语，即曰：'必须革命，不可不革命，不可不革命！'言毕而下矣。太炎时已断发，而仍旧装。夏季，裸上体而御浅绿纱半接衫，其裤带乃以两根缚腿带接而为之。缚裤不得紧，乃时时以手提其裤，若恐堕然。"（《记章太炎先生事》，载1946年4月26日《时事新报》；修改后题作《章太炎》，收入《石屋余渖》，建文书店1948年）由于不曾像胡适等留洋的新派学人那样接受过较为系统的专门训练，无论是仪表装束，还是举止辞令，章太炎都显得有些捉襟见肘，以致窘态百出，令人忍俊不禁。

　　不过，章太炎并未就此望而却步，在潜心著述和投身革命之余，依然兴致勃勃地不断借助演说来讲论学术或是臧否人事。经过仔细摸索和反复磨炼，其公开讲演的效果也逐渐有所改观。即便有时因为方言口音略重，难免让人在听讲时感到费力，可是听众们仍然能真切地感受到他"诙谐而兼怒骂"（张中行《负暄琐话·章太炎》，黑龙江人民出版社 1986 年）的别样风格。至于诸多章门弟子，更是时常提起他讲学授业时的风采。最让人耳熟能详的莫过于鲁迅所说的在日本听其讲课时的情景，"直到现在，先生的音容笑貌，还在目前，而所讲的《说文解字》，却一句也不记得了"（《关于太炎先生二三事》，收入《且介亭杂文末编》，三闲书屋 1937 年）；周作人更是饶有兴致地回忆道，章氏在授课过程中"随便谈笑，同家人朋友一般"，"笑嘻嘻的讲书，庄谐杂出，看去好像是一尊庙里哈喇菩萨"（《知堂回想录》卷二《民报社听讲》，三育图书有限公司 1980 年）；周氏兄弟的同乡好友许寿裳也有同样亲切的体验，称许章氏的演说"新谊创见，层出不穷。即有时随便谈天，亦复诙谐间作，妙语解颐"（《纪念先师章太炎先生》，载 1936 年《制言》第 25 期）；而任鸿隽更是强调，"若是把他的说话记录下来，可以不加修改便成一篇很好的白话文章。后来先生把这个演讲写了出来，成为他的《国故论衡》，可惜他写成古文以后，反而失掉了讲时的活泼风趣"（《记章太炎先生》，载中国人民政治协商会议上海市文史资料工作组编印《文史资料选辑》第八期，1961年），指出其口头讲演与案头撰述迥然异趣而又不遑多让的特点，简直要颠覆人们印象中那位一贯主张文言而反对白话的朴学大师的刻板形象。

除了专为学生开设的小型学术讲演外，章太炎还有不少面向社会公众的大型讲演活动。其中最知名的一次，当属 1922 年 4 月 1 日至 6 月 17 日期间，他应江苏省教育会的盛情邀请，以国学研究为话题，在上海举行的十次公开演讲。讲说的内容曾由《民国日报》派去的年轻记者曹聚仁记录整理，最初在《民国日报》的副刊《觉悟》上连载，修订结集后则以"国学概论"的名义由泰东图书局于当年 11 月

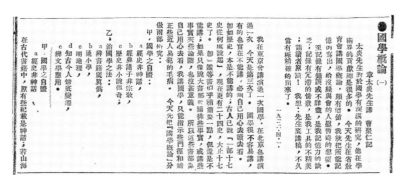

1922年4月3日《民国日报·觉悟》刊登章太炎讲、曹聚仁记《国学概论（一）》

正式出版。由于面对的听众只是普通市民而非专业人士，使得章太炎在这次系列演讲中只能点到即止，难以旁征博引、阐幽抉微，其博洽精深的程度远不及《国故论衡》之类同样源于口头讲说尔后再经过排比整理的著作。然而正如曹聚仁后来所说的那样，在近现代问世的大量国学入门读物中，"全国大中学采用最多的，还是章太炎师讲演，我所笔录的那部《国学概论》，上海泰东版，重庆文化服务版，香港创垦版，先后发行了三十二版，日本也有过两种译本"（《中国学术思

曹聚仁，1923年任《民国日报》记者，负责记录整理章太炎演讲内容

想史随笔》第一部分《从一件小事谈起》，三联书店1986年），此书居然出人意料地成为章氏毕生著述中流传最为广泛的一种。

章太炎演讲、曹聚仁编《国学概论》，泰东图书局 1929 年第十一版

　　最先刊布这次系列演讲具体内容的，除了曹聚仁的记录本外，其实还另有其他人整理的《新闻报》本和《申报》本。《新闻报》上刊登的演讲记录有始无终，只报道了前面五讲后便半途而废，可以暂置勿论。《申报》馆则从一开始就接受江苏省教育会的委托，负责宣传推广，并自诩道："所讲述者，另有纪录员纪录，以便整理，送由章氏核阅，以便发布云。"（《章太炎讲学第一日纪》，载1922 年 4 月 2 日《申报》）照理来说原本应该更具备权威性和可信度。不过据其后续报道所述，在第一次正式开讲前，"报名者竟有六百余人之多，临时到会者又有一二百人"（《愿听章太炎先生讲学

者注意》，载 1922 年 4 月 4 日《申报》）；慕名前来的大批热情听众随后"争先前往索取听讲券，至昨日下午，已满足一千人，可谓盛矣"（《章太炎今日继续讲学》，载 1922 年 4 月 8 日《申报》），远远超出主办方的预期，以致有些手忙脚乱；然而真正能够持之以恒听完全部十次演讲的人其实并不多，最后数次甚至急转直下，"到者不下七八十人"（《章太炎九次讲学纪》，载 1922 年 6 月 11 日《申报》）。起初因为听众踊跃以致人满为患，主办方在中途还临时将演讲地点转移到可以容纳千人的中华职业学校附设职工教育馆，但最后两次因为人数锐减，又担心场面太过冷清，不得不悻悻然地退回江苏教育会的小会场。亲眼目睹前后如此悬殊的景象，恐怕章太炎也免不了有些意兴阑珊，未必会仔细核查订正报社所提供的记录稿。因此《申报》上每次刊登的演讲内容繁简不一，有时洋洋洒洒逾千言，有时则寥寥百十语，前后并不相称，而且文字也多有讹谬，显得敷衍潦草。曹聚仁后来追忆说，《新闻报》和《申报》派去的记者们根本听不懂演讲的内容，"他们所笔录的大错特错，错的太可笑了。结果，几乎只能让我这个对考证学有兴趣的人，一直写下去。这便是我的《国学概论》记录本的来由"（《我与我的世界》四一《国学与国学概论》，三育图书公司 1972 年）。尽管言外颇有几分同行相轻甚至自我标榜的意味，但这两家报社派去现场记录的人员未能恪尽职守，确实也是不争的事实。

《国学概论》付梓仅半年，就连续印行了五版。曹聚仁对此相当得意，在《五版自序》（载曹聚仁编《国学概论》，泰东图书局 1923 年）中故意揶揄说："我曾期待江苏省教育会底文言本出版，或者会使我明白自己有什么缺点而使我得以修正；但是这期待到现在还只是

张冥飞

期待。"到了晚年撰写回忆录时，他更是直言不讳道："省教育会所请的两位记录，虽是老年人，他们也不懂，所以记不下去。"（《我与我的世界》四一《国学与国学概论》）。然而就在1923年4月，一部署名为"张冥飞、严柏梁笔录加注"的《章太炎国学讲演集》由中华国学研究会印行。覆按其中记录的章氏演讲内容，与此前《申报》的连载大抵相同，可以推断此书就是以江苏省教育会组织整理的文言记录稿为依据，再加以修订、注释而成的。该书的版权页除了明确交代笔述、加注者为长沙张冥飞、湖州严柏梁外，还列有嘉善鲍定一、青浦鲁承庄、德清虞悟旭等一众校阅者，其中仅张氏一人略微知名，统观全书，也以其出力为最多。张冥飞（1894—?），本名焘，字季鸿，号冥飞，湖南湘乡人，早年即加入南社，"一度任南方大学教授，为文主切实用，不主张浮夸虚饰及诡怪瑰奇以炫世俗"（郑逸梅《南社丛谈》九《南社社友事略》，上海人民出版社1981年）。此前曾撰有《十五度春秋》（民权出版部1915年）等小说，又与人合著《古今小说评林》（民权出版部1919年），稍后还编著过《国文百日通》（中华国学研究会1923年）、《劳农政府与中国》（新文化共进社1927年）等等。其余诸人则仅有零星记载留存，生平行事均难以详考，但籍贯都属江浙一带，想来应该都是江苏省教育会的成员。

1923 年《江苏省教育会年鉴》第八期上刊登的《江苏省教育会现任职员姓氏录》。 沈恩孚时任庶务部书记

张冥飞、严柏梁笔录加注《章太炎国学讲演集》，中华国学研究会 1923 年

　　尽管《章太炎国学讲演集》的出版比《国学概论》迟了半年，可依然很受读者欢迎，平民印务局、梁溪图书馆、新文化书社、文海出版社等各家出版社此后相继多次翻印过此书。究其原委，其实也不难推知。尽管章太炎在演讲时已经力求浅近简要，可内容通贯古今，遍及经学、哲学和文学等多个门类，对绝大多数听众而言，势必仍会显得繁难艰深。张、严两位对演讲内容详加注释和评议，全书虽以浅近文言撰就，但较诸曹聚仁仅录讲辞而毫无评注解说的白话本，显然更容易满足普通读者的需求。然而据章门弟子沈延国所述，章太炎晚年曾提到："昔在江苏教育会演讲，曹聚仁所记录（即泰东书局出版的《国学概论》），错误较少；而另一本用文言文记录的，则不可卒读。"（《章太炎先生在苏州》，载政协江苏省苏州市委员会文史资料研究委员会编《苏州文史资料选辑》第十二辑，1984 年）尽管并没有指名道姓，可矛头所指显而易见正是张、严两位的评注本。章氏嫡孙章念驰在搜集其演讲稿时曾大费踌躇，因为"大多演讲是别人记录的，有的演说没有经他认定，记录者水平又有高下，文章的质量会受影响"（《章太炎全集·演讲集前言》，上海人民出版社 2015 年）。关于这次在上海的系列演讲，他经过一番审慎的筛选别择，最终采用了曹聚仁的整理本，并改题为《国学十讲》（收入《章太炎全集·演讲集》，按：章念驰谓此次演讲时间为 4 月 1 日至 6 月 7 日，又称《国学概论》出版于 1929 年，并误），而舍弃了张冥飞、严柏梁的评注本，毫无疑问和章氏本人的意见有关。

　　不过评注本究竟如何"不可卒读"，还是令人颇感好奇的。与曹聚仁的整理本相较，两者最大的差异即在于语体上的文白之别，而从中似乎又能折射出邀请方和演讲者之间的微妙分歧。在 1922 年 3 月

29 日《申报》上刊登的新闻《省教育会请章太炎先生讲国学》中，合盘道出了主办者筹划此次演讲的初衷，乃是痛感"自欧风东渐，竞尚西学，研究国学者日稀"的现状，认为"西方之新学说，或已早见于我国古籍"，因此"同人深惧国学之衰微，又念国学之根柢最深者，无如章太炎先生，爰特敦请先生莅会，主讲国学"，显然是想倚重章太炎的威望，达到鼓吹旧学而贬抑新学的目的。这番宣传迅速在学界激起了很大的反响，章氏早年的弟子周作人在尚未知悉具体情况之下，于 4 月 10 日就提笔撰写了《思想界的倾向》（载 1922 年 4 月 23 日《晨报副镌》，署名"仲密"；后收入《谈虎集》，北新书局 1928 年），开篇就忧心忡忡地指出："我看现在思想界的情形，推测将来的趋势，不禁使我深抱杞忧，因为据我看来，这是一个国粹主义勃兴的局面，他的必然的两种倾向是复古与排外。"随即深为惋叹地提到："听说上海已经有这样的言论，说太炎先生讲演国学了，可见白话新文学都是毫无价值的东西了；由此可以知道我的杞忧不是完全无根的。"他的焦虑不安确实事出有因。筹划此次演讲的江苏教育会庶务部书记沈恩孚（字信卿）编纂过《国文自修书辑要》（中华书局 1919 年），尽管在开篇的《说明书》里便慨叹"近今各校毕业生国文之成绩，每不足应用于社会，已渐为教育者所注目。即留学东西洋，毕业回国，从事于社会之职务者，亦时感国文之不足应用"，但通览全书所述内容，仅有许慎《说文解字》部首、江谦《说音》、《四书》、《汉书·艺文志》、《四库全书总目提要叙》及姚鼐《古文辞类纂序目》寥寥数种，根本不出传统经史辞章之学的范围，看不到丝毫当时早就方兴未艾的新文化运动的痕迹。甚至在多年之后，他还坚持认为，"民族精神是基于研究国学而发扬光大的"，但令人唏嘘莫名的是，"自欧风东渐以后，中国的文化，受了西洋的洗礼，反而国学沉沦"，由此深感"目前一般大学，对于国学不大讲究，这是一个很大的错误"，"就是丧失民族固有精神的起点"（《国学与民族精神之关系》，载《商学会刊》1938年创刊号），为此痛心疾首不已。在这次系列演讲期间，沈恩孚自始至终都亲临主持。在首日开场白中他就格外强调，希望通过这次系统的讲学，"此后或能将此学问传布世界，则于中国文化前途极有关系"（《章太炎讲学第一日纪》，载1922年4月2日《申报》），足见其重视程度。而最先刊布流传的演讲内容，除了《民国日报·觉悟》上连载的曹聚仁记录本之外，《申报》和《新闻报》上的连载，乃至《民国日报》自己的相关报道，都无一例外地使用文言。或许正是这种种缘由，才造成了周作人的误会，以为章氏在演讲中反对"白话新文学"。其实章太炎虽然对白话新诗颇持异议，却并未一概否定白话的价值。根据曹聚仁的记录，他在演讲时还专门提到："白话记述，古时素来有的，《尚书》的诏诰全是当时的白话，汉代的手诏，差不多亦是当时的白话，经史所载更多照实写出的。"（《国学概论》第一章《概论》）耐人寻味的是，在张冥飞、严柏梁的文言评注本中，这段议论却荡然无存，表明最初的记录者似乎并不认可这番对白话的褒扬。曹聚仁后来撰有《文白论战史话》（收入《笔端》，天马书店1935年），其中有一节"上海的复古倾向"，顺带提到过此事，也可资参证："民国十一年，江苏省教育会请章太炎先生演讲国学，本是沈信卿他们有计划的复古运动；太炎先生个性很强，他的讲演并不利于复古，社会的反应也很轻微，那回复古，可说是完全失败的。"更是直截了当地指出章太炎演讲的旨趣不尽符合主办方的要求。评注本故意隐没这段针对白话的讲辞，无疑是事出有因的。

文言与白话表面看来虽然只是语体的差异，可往往也关乎文章的丰神意韵。曹聚仁称道章氏"论学论事，如说家常，时常插入风趣的谈话，浅易处常有至理"（《章太炎先生》，收入《文思》，北新书局1937年）。如此驾轻就熟、收放自如的风采，在白话版《国学概论》中就很能彰显，到了文言版《章太炎国学讲演集》中就大为逊色了。比如前者记录了这样一段讲辞："凡

沈恩孚，字信卿。 时任江苏教育会庶务部书记

称之为诗，都要有韵，有韵方能传达情感。现在白话诗不用韵，即使也有美感，只应归入散文，不必算诗。日本和尚娶妻食肉，我曾说他们可称居士等等，何必称做和尚呢？诗何以要有韵呢？这是自然的趋势。诗歌本来脱口而出，自有天然的风韵，这种韵，可达那神妙的意思。你看，动物中不能言语，他们专以幽美的声调传达彼等的感情，可见诗是必要有韵的。'诗言志，歌永言，声依永，律和声'，这几句话，是大家知道的。我们仔细讲起来，也证明诗是必要韵的。我们更看现今戏子所唱的二黄西皮，文理上很不通，但彼等也因有韵的原故。"（《国学概论》第一章《概论》）先用日本和尚能够娶妻食肉来嘲讽白话诗的名实不副，又以鸟兽啼鸣和优伶唱戏来佐证诗歌必须用韵。后者则将这段演讲记录如下："《尚书》曰：'诗言志，歌永言，声依永，律和声'云云，可见诗必有韵，方能传达情绪，若无韵亦能

传达情绪，则亦不必称之为诗。譬如日本和尚吃肉娶妻，可称之为居士，不必称之为和尚。今之好为无韵新诗者，亦是吃肉娶妻之和尚类也。"（《章太炎国学讲演集·第三日讲学记》）且不论未能保留"你看""我们更看"之类更容易营造出现场感的口语词，因而失去了口吻毕肖的鲜活效果，单以内容而言，也只剩下日本和尚一例，而将其他两例略去不提。章太炎早年流亡日本，"就想披起袈裟做个和尚，不与那学界政界的人再通问讯"（《东京留学生欢迎会演说辞》，收入《章太炎全集·演讲集》），对日本和尚的情况自然不会陌生，演讲时信手拈来，必定能使气氛显得更为轻松活泼。而用来强调诗歌必须有韵的另两例，尽管论证的逻辑并不严密，甚至显得有些枝蔓芜杂——即便是曹聚仁本人，后来在《章太炎先生》一文中转录当年的记录稿，也只节引至日本和尚即止——不过如此毫不经心、自由散漫的闲谈，却颇具传神写照的功效，别有任意挥洒的意趣可供读者仔细玩味。

章太炎在演讲中时常会兴之所至地大跑野马，在概述汉代以来今文、古文两大经学派别的发展演变后，就兴致勃勃地插叙了一段往事："自孙诒让以后，经典大衰。像他这样大有成就的古文学家，因为没有卓异的今文学家和他对抗，竟因此经典一落千丈，这是可叹的。我们更可知学术的进步，是靠着争辩，双方反对愈激烈，收效方愈增大。我在日本主《民报》笔政，梁启超主《新民丛报》笔政，双方为国体问题辩论得很激烈，很有色彩，后来《新民丛报》停版，我们也就搁笔，这是事同一例的。"（《国学概论》第二章《国学的派别（一）——经学的派别》）《章太炎国学讲演集》也没有记录这段内容，或许认为此类有关私人恩怨的轶事琐谈无关宏旨吧。不过中规中矩地围绕设定的主题来确定记录的内容，所呈现的章太炎的形象终究显得过于拘谨严肃，失去了嬉笑怒骂、庄谐并出的本来面目。当然，现场的听众们对此大概也并不感兴趣，恰如曹聚仁所感叹的那样，"这五六十个听众中，并没有皮锡瑞、康有为其人，老实说大家并不关心今古文家的争辩，甚至连什么叫做今古文家都不明白"（《关于章太炎先生的回忆》，收入《文思》）。可幸亏有他这些细心的记录，后人才能借此悬揣遥想章氏究竟是怎样"如唐·吉诃德一样向羊群舞矛"（同上），仔细寻绎到他当时落寞孤寂的心境。

张冥飞、严柏梁的评注虽然旨在为读者扫除阅读障碍，可有时却与章太炎持论相左。例如他们记录章氏解释"经书"时说："'经'字原意乃是'一经一纬'之'经'，即线是也。所谓'经书'，无非是一种线装书之谓。……古代记事书于简，不及百名者书于方。事多一简不能尽，遂连数简而记之，连各简之线，即'经'是矣。盖'经'之为书，特当代记述较详而时常备阅者。不但不含有宗教意味，即汉时训'经'为'常道'，亦非本意。"在评注中先概述历代载籍形制的递嬗迁变，最后强调说："用线装订成书，始于宋季锓版印书之后。古书编之可考者如此。今谓'经'为'线装书'之意，似仍不如训'经'为'常道'之说为长。"（《章太炎国学讲演集·第一日讲学记》）平情而论，评注的意见更近于事实。可章太炎如此诠释倒也并非信口乱道，而是他一以贯之的主张。晚年在章氏国学讲习会授课时，他仍然坚持认为："经之训常，乃后起之意。……今人书册用纸，贯之以线，古代无纸，以青丝绳贯竹简为之。用绳贯穿，故谓之经。经者，今所谓线装书矣。"（王乘六、诸祖耿记录《经学略说（上）》，收入《章太炎全集·演讲集》）之所以有这样的界说，其实也别有用意。章太炎虽然大力提倡读经，甚至认为"于今读经，有千利无一弊也"，可并不像康有为等今文学家那样奉经书为圣典，甚至大肆鼓吹尊孔复古，而是要将读经落实在"修己治人"之上（王謇、吴契宁、王乘六、诸祖耿记录《论读经有利而无弊》，收入《章太炎全集·演讲集》），因此自然要以平实切近之语来开示引导后学。评注者未能仔细体察章氏用心所在而妄加非议，当然不能令他满意。

兴许是出于个人的喜好，评注者有时还会有意改变讲辞的原意，想必也会引发章太炎更多的不悦。例如章氏主张撰作文章者必须通晓文字、音韵、训诂之学，在评注本中有这样一段记录："清桐城派略通小学，所引古书，知者则用，不知者仍不敢用，故尚无贻笑处。"随后有评注云："清古文家，有桐城派之目，始自方望溪（苞），盛于姚惜抱（鼐），至曾涤生（国藩）极推崇之而名愈震。其作文也，格律谨严，非经史中雅驯之字不敢用，故为斥弛之士所不喜，然理法井井，终不可没。"（《章太炎国学讲演集·第二日讲学记》）乍读之下，似乎会以为章氏对桐城派行文的严谨颇为许可，实则大谬不然。章太炎对桐城派并无好感，甚至直斥道："桐城诸家，本未得程朱要领，徒援引肤末，大言自壮。"（《訄书重订本·清儒第十二》，上海人民出版社，2014 年）反观曹聚仁当时的记录——"桐城派也懂得小学，但比较的少用工夫，所以他们对于古书中不能明白的字，便不引用，这是消极的免除笑柄的办法，事实上总行不去的"（《国学概论》第一章《概论》）——显然更能代表章氏的真实想法。

当然，评注本虽因种种原因而导致其"不可卒读"，但也并非一无是处。就体例而言，曹聚仁记录的《国学概论》在正式付梓时已经依照章节体的形式重新整合编排，将演讲内容厘分为五章。尽管结构上更为整饬明晰，可当年演讲的实际进程却因此无从追索还原。而《章太炎国学讲演集》则依照"第一日讲学记"至"第十日讲学记"的顺序逐日编排，前后之间虽然不免有割裂之弊，比如在讲到"治国学之法"时，所列"辨书籍真伪""通小学"和"明地理""知古今人情变迁""辨文学应用"等五项内容居然分属第二、第三两次演讲，不过读者倒是可以由此了解演讲时的进度安排，并进而寻绎推求章太炎个人的兴趣所在。就内容而言，《章太炎国学讲演集》虽不无错谬疏漏，可普通读者其实还是需要借助注释才能读懂原文。中华国学研究会在最初推介此书时就不遗余力地宣扬，"此《国学讲演集》一书为先生近年来得意之演述，自谓便于初学，力避艰深"，"书成之后，复由张冥飞、严柏梁两君加以参注，务使书中所有典实来历一一详明。学者得此，进而研究先生学说，更进而研究一切国学，无不头头是道，左右逢源，诚学界大快事也"（《章太炎先生讲〈国学讲演集〉》，载1923年4月20日、9月17日《申报》），尤为注重强调其评注的参考价值。而作为竞争对手的曹聚仁，也曾提到日译本《国学概论》附有注解，颇便读者参酌理解，以致他"原想翻检《章氏丛书》，也作一回笺注工作；可是动起手来，非三五年不能完成"（《中国学术思想史随笔》第十一部分《述学》），最终只能无奈放弃。《国学概论》最后虽然附录了邵力子、裴可桴、曹聚仁的数篇文章，针对演讲内容提出商讨补充，但涉及的问题毕竟有限。就此而言，张冥飞、严柏梁评注的《章太炎国学讲演集》仍有其借鉴价值。

《章太炎国学讲演集》早年虽然递经多家不同出版社翻印，但覆按其内容，均直接依据中华国学研究会的初版，并无任何校订勘正，以致书中的舛谬脱漏相沿日久。而近年来相继印行的章念驰编订《章太炎演讲集》（上海人民出版社 2011 年）、诸祖耿等记录《章太炎国学讲演录》（中华书局 2013 年）、章念驰编订《章太炎全集·演讲集》（上海人民出版社 2015 年）等，则无一例外都没有收录此书。有鉴于本书对普通读者仍有一定的参考价值，我们以中华国学研究会 1923年初版为据，对全书加以整理校订。全书原用圈点符号，此次改为新式标点。为免琐屑饾饤，对于大部分可以根据文意直接判定的错讹，均径予改正而不再交代原委，其余校改则酌情添加校勘记予以简要说明。惟章氏在称引文献时，或凭借记忆而文字略有出入，甚至不免张冠李戴，或自出新解而不尽合乎原意，凡此均一仍旧贯，不再逐一改易补订。

考虑到《申报》和《新闻报》对这次系列演讲均有连续的详悉报道，不仅涉及各讲的内容，足以和书中所述比勘对照，还提到地点更换、日程调整乃至听众反响等诸多情况。比如由于听众人数骤增，4月 8 日的第二次演讲地点就改换为可以容纳千人的中华职业学校附设职工教育馆，为了使现场听讲效果更佳，"并于讲台上置发音机一具，倘有演讲中重要之语，则由机内传出，以便座在较远者"（《章太炎先生讲演国学记（二）》，载 1922 年 4 月 9 日《民国日报》），可见主办者考虑之周详细致。4 月 15 日第三次演讲时，"章氏讲解颇多趣语，听者无不捧腹，以其趣语要都从经、史中证明出来故也"（《章太炎讲学第三日纪》，载 1922 年 4 月 16 日《申报》），不难想见演讲现场热闹欢腾的气氛。4 月 22 日的第四次演讲，原定于下午四点开始，但章氏出行时中途遇阻，正式到场开讲已经四点半左右了。经过调查后，记者在报道中就忿忿不平地提到个中原委，"大约为周扶九父子之大出丧所阻，可见无谓之大出丧，不但劳民伤财，且妨讲学"（《章太炎讲学第四日纪》载 1922 年 4 月 23 日《申报》）。第九次演讲原来安排在 6 月 3 日举行，当天听众已经陆续到场静候，可主办方派专车去接驾时，章太炎却临时爽约，声称"有特别要事，不克临讲"，主持人沈恩孚只能"当众宣布情形，并表示事出临时，不及预告，致劳跋涉，良深歉仄，还祈下期仍到听讲"（《章太炎讲学停讲一期之原因》，载 1922 年 6 月 4 日《申报》）。推寻当时情形，6 月 2 日正逢徐世昌遭国会议员驱逐而突然宣布辞职，章太炎审时度势，于 3 日急电黎元洪，奉劝对方当机立断，"宜于金陵、武昌择地复职，切勿置系北京，自同囚锢"（《章炳麟劝黎黄陂择地复职》，载 1922 年 6 月 4 日《申报》）。在晚年所撰《太炎先生自定年谱》（龙门书店 1965 年）里，章太炎也郑重其事地撮述过此事始末，提到"六月二日，闻徐世昌已走，急电致黎公于天津"，"且致密书，言但高卧数旬，则京师自乱，然后权在我"。由于事关重大而又间不容发，他才没能来得及预先通知主办方以便及时调整日程。诸如此类，为深入了解这次系列演讲的具体进程提供了不少丰富的细节。所以这次也将这两份报纸上的相关报道分别辑录整理，作为正文附录，以供读者参考。惟《民国日报·觉悟》上连载的演讲记录稿，后经曹聚仁整理成《国学概论》，该书屡经印行，流布广泛，极易参阅，为节省篇幅，此次不再阑入。

本书由杨焄和方之悦合作整理，导读由杨焄执笔。整理过程中两人虽经仔细斟酌，反复商讨，但自忖学识谫陋，见闻有限，疏忽阙略之处在所难免，尚祈读者不吝赐教指正。

杨　焄

2024 年 10 月于复旦大学中国古代文学研究中心

章太炎国学讲演集

长沙张冥飞、浙江严柏梁　批注

第一日讲学记

国学不易讲，其中尤有不能讲者，总需自己用心多读多看。有如历史，即不能讲。古人有言："一部十七史，从何处说起。"何况而今是二十四史。

按：十七史，为《史记》、《前汉书》、《后汉书》、《三国志》（亦称四史），《晋书》、《宋书》、《齐书》（南齐）、《梁书》、《陈书》、《魏书》、《齐书》（北齐）、《周书》、《隋书》（亦称十三史），《南史》、《北史》（宋、齐、梁、陈，魏、齐、周、隋，其时天下分隔，称南北朝。南谓北为"索虏"，北谓南为"岛夷"，书法不允。李延寿之父大师，欲仿《吴越春秋》例编年纪之，未竟而卒，延寿因之撰《南》《北史》。《南史》自宋永初元年迄陈祯明三年，以宋、齐、梁、陈均都南方也。《北史》自魏登国元年迄隋义宁二年，以魏、齐、周、隋均都北方也。）、《唐书》、《五代史》。增《宋史》《辽史》《金史》《元史》，为二十一史。再增《明史》，分旧、新《唐书》及旧、新《五代史》各为二，合二十四史。

若《通鉴》等书，虽较为简要，然亦不能讲。因所敷陈之事实，或夹有论断，讲来均无甚趣味。全在学者自读自看也。

按：《通鉴》原名《通志》（郑樵《通志》乃纪传体），上起战国，下迄五代，宋司马温公（名光）奉诏为之，神宗赐名曰《资治通鉴》。蔡方炳曰："《通鉴》一书，易纪传为编年，诚史学之纲领。"同时刘恕撰《通鉴外纪》，自包牺氏（即伏羲）至威烈王二十二年①，与《通鉴》相接。金履祥因之撰《通鉴前编》，其后李焘撰《续资治通鉴长编》，刘时举撰《续宋资治通鉴》②，明薛应旂撰《宋元资治通鉴》，清徐乾学撰《通鉴后编》。《通鉴纲目》，宋朱熹撰，撮温公书中精要语为之，文约而事备，且多救正温公书法之失。明南轩撰《纲目前编》③，清张廷玉撰《纲目三编》，清康熙帝撰《御批通鉴纲目》，乾隆帝撰《御批通鉴辑览》。

张冥飞曰：史例二法，其一纪传，作始于《尚书》，至《史记》而大备；其一编年，作始于《春秋》，至《通鉴》而大备。而合二法贯通为一者，则为纪事本末，源出于《国语》，至袁枢撰《通鉴纪事本末》而法乃备。言史学者均不可不读，即言参考，亦三者阙一不可。（纪传以人为经，纬之以事与时代；编年以时代为经，纬之以事与人；纪事本末以事为经，纬之以人与时代。参考者各因其人、其事、其时代而考之，可省逐书翻觅之劳。）

① "二十二年"，原误作"二十三年"，据刘恕《书〈资治通鉴外纪〉后》改。
② "续"，原脱漏。
③ "前编"，原误作"续编"。

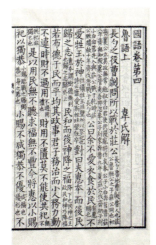

《国语》,（三国吴）韦昭注,清嘉庆五年黄丕烈《士礼居黄氏丛书》影刻宋天圣明道本

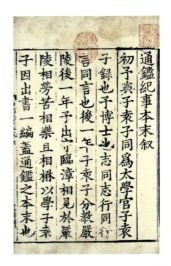

《通鉴纪事本末》,（宋）袁枢撰,南宋宝祐五年赵与筹湖州刊元明递修本

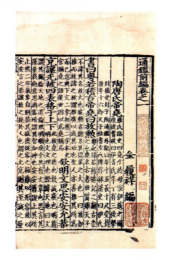

《通鉴前编》,（元）金履祥撰,元刻明成化十二年南京吏部重修本

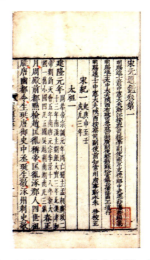

《宋元通鉴》,（明）薛应旂撰,明嘉靖四十五年自刻本

又曰：二十四史及《通鉴》及《纪事本末》，参考之用尚未备。如郑樵《通志》，其"载记"一例，眉目较为清晰。又如《越绝书》《吴越春秋》《楚汉春秋》《十六国春秋》《十国春秋》等书，与正史多有出入处。至于《竹书纪年》《路史》《皇王大纪》等，所记多异闻，亦多神怪之说，盖纬书之流，刘彦和所谓"无关学识，有裨文章"者也。

今日所讲国学，只能指示门径，及矫正近来读书人易犯之病。今将国学大概，标题于次：

（甲）国学之自体

　　（一）经史非神话

　　（二）经典诸子非宗教

　　（三）历史非小说传奇

（乙）治国学之法

　　（一）辨书籍真伪

　　（二）通小学

　　（三）明地理

　　（四）知古今人情变迁

　　（五）辨文学应用

（甲）国学之自体

（一）经史非神话

古代书籍，原有纪载神话者，若《山海经》《淮南子》中所载，吾侪见之，便觉极其怪诞。但此类神话，王充《论衡》多斥其谬，已难存在。而正经正史中，装点神话者极少，如盘古开天辟地，天皇、地皇、人皇等，正史均不载。如女娲炼石补天、后羿射日等，亦正史所无。

《山海经》，一曰《大荒经》，汉刘秀校，晋郭璞传。《吴越春秋》曰："禹登南岳，得金简玉字，通水之理，遂行四渎，与益共谋。所至命益疏而纪之，名《山海经》。"司马迁曰："九州山川，《尚书》近之矣。至《禹本纪》《山海经》所书怪物，余不敢言之也。"

《淮南子》，汉淮南王刘安撰，高诱注。本旨原本《道德经》，而纵横曼衍，多所旁涉，《汉书·艺文志》列之杂家。

《论衡》，王充撰。充，东汉上虞人，博通众流百家之言，著《论衡》八十五篇。大旨详于《自纪》一篇，盖内伤时命之坎坷，外疾世俗之虚伪，发愤著书，其言多激，而订讹砭俗，殊有裨于风教。蔡邕见之，叹其卓绝诸子。

盘古，《述异记》曰："盘古氏，天地万物之祖。"徐整《三五历议》曰："天地混沌如鸡子，盘古生其中。万八千岁，天地开辟。盘古在其中，一日九变。神于天，圣于地。天日高一丈，地日厚一丈，盘古日长一丈。如此万八千岁，天数极高，地数极厚，盘古极长。"《路史》："天地之初，有浑敦氏者出为之治。"注云："即盘古氏，神灵一日九变。"(《路史》注亦罗泌自作，驾名其子。)

天皇、地皇、人皇，俗称三皇，见《三五历》。《史记》以天皇、地皇、泰皇为三皇。是天皇、地皇之名，未尝不见于正史，特削其事耳。人皇，见《春秋元命苞》，所谓九头纪即人皇氏者也。

（宋）司马光《资治通鉴》残稿，国家图书馆藏

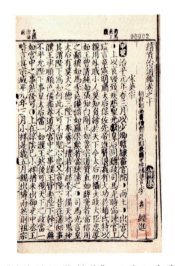

《续资治通鉴前集》，（宋）李焘
撰，元云衢张氏刻本

《御撰资治通鉴纲目三编》，（清）张
廷玉辑，清刻本

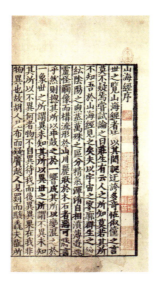

《山海经》，（晋）郭璞注，宋淳熙七年池阳郡斋刻本

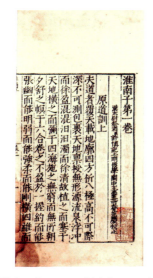

《淮南子》，（汉）刘安撰，明嘉靖
九年王蓥刻本

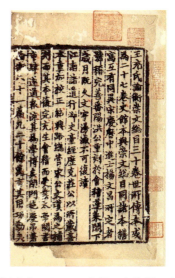

《论衡》，（汉）王充撰，宋乾道三年
绍兴府刻宋元明递修本

女娲炼石补天，见《淮南子》。谓共工与颛顼争帝不胜，怒触不周之山，天柱折，地维缺，天倾西北，地陷东南。女娲氏炼五色石以补天，断鳌足以立四极。

后羿射日，亦见《淮南子》。谓尧时十日并出，草木焦枯，命羿仰射十日，中其九，乌皆死，堕羽翼。

经史所载，不无少许含有神秘意味者，但无神怪离奇之论调耳。然其中之少许神秘记载，亦可得理之解释。

《诗经》记后稷诞生，颇似可怪。因据《尔雅》所释"履帝武敏"，遂谓姜嫄蹈上帝足拇指所留之迹而得孕。然毛公注释训"帝"为皇帝，此事遂属平常。

《诗·大雅·生民之什》："厥初生民，时维姜嫄。生民如何？克禋克祀。以弗无子，履帝武敏歆。攸介攸止，载震载夙。载生载育，时维后稷。"

《尔雅·释训》："履帝武敏。武，迹也。敏，拇也。"郑《笺》谓："帝为上帝，敏为拇。言祀郊禖之时，有大神之迹，姜嫄履之，足不能满，履其拇指之处，心体歆歆然，如有人道感己者，于是遂有身。"苏明允诸人率多诋其怪诞，然朱子《集传》仍取郑《笺》。

《毛传》训："履为践，帝为高辛氏（帝喾）。武，迹也。敏，拇也。言从于帝而见于天，①将事齐敏也。"盖姜嫄为帝喾之妃。

---

① "从于帝"，原作"从帝"，据《毛诗传笺》补。

《史记·高帝本纪》谓高祖之父太公，雷雨中至大泽，见神龙附其母之身，遂生高祖。不知此为太公所造言欤，抑高祖所自造。我以为即使太公确见如此，亦不难假托。前人笔记中，有奸夫饰为雷公形，击杀本夫者，所谓高祖龙种，或者乃母与人奸通，使人饰为龙形，俾太公不敢追究，亦未可知。

《史记·高帝本纪》："母曰刘媪，尝息大泽之陂，梦与神遇。其时雷电晦暝，太公往视，则见蛟龙于其上。遂生高祖。"

张冥飞曰：姜嫄履大人之迹而生后稷，千古疑案，但后稷是否为私生子，当以姜嫄有夫无夫为断。据先儒所言"后稷之生，果系人道之常，何至见疑而弃之于隘巷，弃之于平林，又弃之于寒冰乎？况古之神圣，靡不感天而生，如华胥履迹，是生庖牺；女登遇龙，收降炎帝；大电绕斗，附宝实孕轩辕；瑶光贯月，昌仆爰怀颛顼。不独履拇、吞卵，见咏于《诗》已也"等语，故谓姜嫄为帝喾之妃，则其屡弃此婴，实难索解，然必谓其无夫，则室女祀高禖，义又何取？（高禖即郊禖，古人所以祀之者，为求子也。《月令》："仲春之月，玄鸟至。至之日，以大牢祠于高禖。天子亲往，后妃帅九嫔御。"郑《注》谓："简狄吞卵生契后，以禖官嘉祥而立祀也。"其说又见于蔡邕《章句》，及《五经异义》《五经集义》，均与郑《注》吻合。《生民》诗："以弗［通祓］无子。①"《毛传》曰："古者必以高禖焉，姜嫄禋祀上帝而生稷。"汉晋以后，均有高禖之祀，义均取求子也。高禖又有一说，谓是禖神。《汉书·武五子传》②："武帝晚年得太子，始为立禖，使

---

① "以弗［通祓］无子"，原误作"以祓［通弗］无子"，据《毛诗传笺》改。
② "武五子传"，原误作"郊祀志"，据《汉书》改。

东方朔、枚皋作谋祝。"是生子之后，又为其子立谋也。先儒谓"广州风俗，生子之后，即为其子立婆娘之祀，是滥觞于此"等语，但以室女而祀谋神，则亦强颜之至。）总之，姜嫄为帝喾之妃，颇难证实，大抵不夫而孕，犹邰女之弃斗觳於菟，借神圣之说以掩其苟合之迹，为近似之。

至蛟龙据刘媪而生高祖一事，不佞以为即司马子长作谤书之微意。简捷言之，即是帝王皆畜种，非人种耳。上古游牧酋长时代，强凌弱，众暴寡，师禽兽搏噬之技俩而已。当时之人，既以畜类为师，故欲成为酋长，必有所以慑服众人之智，自谓生有自来，亦是收拾人心之智计之一也。华胥履迹等事，皆此智计所造作，以慑服其部下者也。后世遂谓神灵首出，皆非人种，以示矜异，傅会万状。唐代尊太上老君为玄元皇帝，奉为远祖，而李聃之生，即属不夫而孕。最近如爱新觉罗氏，亦自谓先世乃天女不夫而生。作史者因之成例，一似极尽其揄扬先德者，其实则皆证明其为私生子也，且不为人种而为畜种，辱詈可谓至矣。而子长实开其端，先儒谓《史记》为谤书，不亦宜乎。

又曰：神怪之说，见于《左氏》者已不鲜，若丹朱凭房后、①晋侯梦大厉等是已。《史记》记上古事，虽曰择荐绅先生言尤雅者著于篇，然其记龙漦帝后一事，谓漦流于庭，厉王使妇人裸而噪之，则已不尽雅驯也。至所叙陈婴、公孙杵臼一事，则羌无故实，未免厚诬古人。但后人谓太史公所以写此一段者，非好

---

① "房后"，原误作"防后"，据《左传·庄公三十二年》孔颖达疏改。

奇之过，实隐写韩信客存韩孤事云。于此可见读古人书之难。

又曰：上古荒诞之事，罗泌《路史》所收者甚夥。其所由来，多由纬书中节取之。纬书之行世者今不多见，为略述篇名于次。《易》纬：《稽览图》《乾凿度》《坤灵图》《通卦验》《是类谋》《辨终备》；《书》纬：《璇玑钤》①《考灵曜》《刑德放》《帝命验》《运期授》；《诗》纬：《推度灾》《氾历枢》②《含神务》③；《礼》

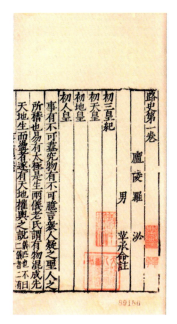

《路史》，（宋）罗泌撰，明嘉靖洪楩刻本

纬：《含文嘉》《稽命征》④《斗威仪》；《乐》纬：《动声仪》⑤《稽耀嘉》《叶图征》；《孝经》纬：《援神契》《钩命诀》；《春秋》纬：《演孔图》《元命包》⑥《文耀钩》《运斗枢》《感精符》《合诚图》《考异邮》⑦《保乾图》《汉含孳》《佐助期》《握诚图》《潜潭巴》《说题辞》。（以上见《后汉书·方术·樊英传》注，所谓"七纬"

---

① "钤"，原误作"铃"，据《后汉书·方术·樊英传》李贤注改。
② "氾"，原误作"记"，据《后汉书·方术·樊英传》李贤注改。
③ "务"，原误作"雾"，据《后汉书·方术·樊英传》李贤注改。
④ "征"，原误作"微"，据《后汉书·方术·樊英传》李贤注改。
⑤ "声"，原误作"威"，据《后汉书·方术·樊英传》李贤注改。
⑥ "包"，原误作"苞"，据《后汉书·方术·樊英传》李贤注改。
⑦ "考"，原误作"放"，据《后汉书·方术·樊英传》李贤注改。

也。)此外散见群书者:《易》纬:《天人应》;《书》纬:《雒罪级》;《礼》纬:《记默房》《瑞命记》;《乐》纬:《五鸟图》;《孝经》纬:《中黄谶》《威嬉拒》《左右握》《雌雄图》《分野图》《内事图》;《春秋》纬:《命历序》《少阳篇》《玉版谶》《孔录法》《撰命篇》。(此皆七纬之小篇名。)又有《论语》纬,篇名有曰《阴嬉》,曰《撰考》,曰《崇爵》,曰《纠滑》①,曰《摘衰圣》,曰《摘辅象》,曰《承进诚》。(其余关于纬候之书尚多,未能备举。)

又曰:纬书多傅附史事,如尧幽囚、舜野死、伊尹囚太甲、太甲自桐逃出杀伊尹等说是已。②又如"万年之后,天可依杆"等不经之谭,均无关于学识,但有裨于文章。刘彦和《文心雕龙·正纬篇》云:"羲农轩皞之源,③山渎钟律之要,白鱼赤乌之符,黄金紫玉之瑞,事丰奇伟,词富膏腴,无益经典,而有助文章。"允哉是言也。

前人有疑古代圣帝贤王者,皆属言之过甚者。如《尧典》"钦明文思安安""克明俊德"等语,以为上古时代,何以有如此完人。我以为古代史家之所叙述,不能详列事实,往往用类似考语之语以浑写之。此类考语,极容易言过其实,譬若今人作行述,遇无甚事迹可记之人,只用数句极好之考语。《尧典》所载,即是一种考语。事实虽不全如此,亦未必不全如此。

《尚书·尧典》:"曰若稽古帝尧,曰放勋,钦明文思安安,

---

① "滑",原误作"潜",据《文选》李善注改。
② "太甲自桐逃出","太甲"原脱漏,据《尚书·咸有一德》孔颖达疏补。
③ "皞",原误作"皋",据《文心雕龙·正纬》改。

允恭克让，光被四表，格于上下。克明俊德，以亲九族。九族既睦，平章百姓。百姓昭明，协和万邦。黎民于变时雍。"

张冥飞曰：孔子删《书》，断自唐虞。岂不以唐虞以前之记载，无征不信乎？然孟子之论《武成》，谓"血流漂杵"不足信，而有"尽信《书》不如无《书》"之言。是战国时人，于周初记载，已有无征不信之疑，何况唐虞之记载，何况以今人而读唐虞之记载。故以时代言，帝尧未必成为如是之完人，似也。然不佞恰以为帝尧时代，乃可以有如是之完人。太古游牧，茹毛饮血，人各以其本能，制禽兽而为衣食，复师法禽兽博噬之智，以强凌弱而众暴寡。弱且寡者被强且众之侮夺，积其不平，必图报复。争竞攘劫，必无宁日。其间又必有枭桀阴鸷之徒，指使而鼓动之。人与人之争竞攘劫，骎骎成为群与群之争竞攘劫，而部落酋长之制，遂不期然而有然。及部落相互吞并之结果，而帝王之制，亦不期然而有然，遂亦不能不思所以为治者，而工、虞、水、火、兵、农、礼、乐，种种之行政始焉矣。原其行政之始，必以平不平者为收拾人心之具，故刑必先于赏，禁制必先于劝劳。盖其抑强与众，不使有凌弱暴寡之行为，即所以使人爱戴之，而赴诉而讴歌者矣。逮及刑政已立，更进一步而思所以道之以德、齐之以礼者，其事实较后世为易。其故有三：一，所治之区域小，为精神思虑之所能周遍；二，户口希少，则衣食易给，衣食足则足以知礼义；三，为政专就人情之所安者，引人类使入于正轨，苟非枭桀非常者，不敢有悖乱之行动。故如"钦明文思安安，允恭克让，光被四表，格于上下"等语，乃浑言尧之立身与治国之成就也；"克明俊德，以亲九族。九族既睦，平章百姓。

百姓昭明，协和万邦。黎民于变时雍"等语，乃浑言尧之行己与施政之次第也。据孟子所言，当尧之时，天下尤未平。史家如此敷陈，诚不免于溢美。然后世帝王，其志在协和万邦而平章百姓，志在平章百姓而亲其九族者，实未之有闻。然则谓尧为完人，亦何不可之有？

《禹贡》记大禹治水，八年告成。日本有一博士，以谓后世凿一运河，数十百年，方竟其功，大禹治滔天之水，不应如此之速，遂疑《禹贡》亦是一种奇迹，非事实也。我以为大禹治水，总其成而已，工作决不仅一二处。如必待其亲往督率，则游历一周，已费时日，况俟此处功竟，又往彼处乎？且其时人民极苦水患，同心力作，势所必然，所谓"经之营之，不日成之"也。至《禹贡》所记土地腴瘠情形，当是按照各方报告，并不必皆禹所亲自查得也。

张冥飞曰：大禹治水，李松石谓其得力在一"疏"字，可见读书得间。盖鲧堙洪水，九载无成，谓禹于乃父堙水之时，绝不留心治水之事，绝无是理也。洪水所及，禹必已有全局在胸，顺水性而疏之，使入于海。即鲧前此所堙，均得成为堤防之用，是事半功倍也。且"疏"之为义，绝非凿一长渠之谓，特就阻水流行之处而开凿之云尔。若必泥"水由地中行"一语，而谓禹之治水与隋代之开运河同，适成其为日本博士之见解而已。

太史公作《五帝本纪》，"择其言尤雅者"，可见记述有体。吾侪试再翻觅经史，其中绝未载有盘古三皇之事，所以经史并非神话。其他经史以外之书，若《竹书纪年》《穆天子传》，确有可疑之记载，但

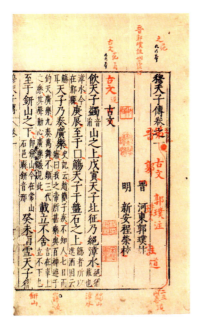
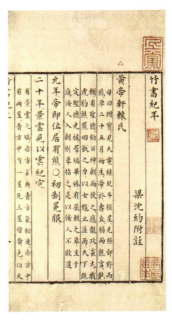

《穆天子传》,（晋）郭璞注,明万历间程荣刻《汉魏丛书》本

《竹书纪年》,题（梁）沈约注,明天启七年谢恒抄本

《竹书纪年》今存者乃明代伪托,可以存而不论,《穆天子传》亦不在正经正史之列。后人往往以古书中不无可疑之处,遂全目以为伪,则又误矣。

孔欧孟曰："编年以《竹书》为古,其异于汲冢原文者,如郭璞注《穆天子传》引《纪年》七条,今在注中者三条,璞时不应先有注,且三条并为一条,文亦不属,则非郭璞所见本也。《隋书·经籍志》谓《纪年》皆用夏正,今本入春秋后全从周正,则非隋时所见本也。《水经注》引《竹书》七十五条,皆入晋国纪年,今本晋年皆附周末,则非郦道元所见本也。"按:《纪年》一书,晋太康二年始出汲冢,盖战国时魏史纪事之书,魏襄王薨于《纪年》书竣之后，故书得藏冢中。然《束晳传》又言得之安釐王冢，则与得之襄王冢者异矣；杜预《左传后序》云得之于哀王，恐皆非事实。此书虽经元明来增益窜改，然大略尚存汲冢之旧，非尽出于依托也。《养新录》曰："《晋书·束晳传》称《竹书》之异云：'益干天位，启杀之。'《史通》引《竹书》云：'益为后启所诛。'今本《竹书》云：'夏启二年，费侯伯益出就国。六年，伯益薨。'与束晳、刘知幾所引全别。然则今之《竹书》乃宋以后人伪托，非晋时所得之本也。"《文献通考》曰："'《穆天子传》，晋太康六年，汲县民盗发古冢所得，凡六卷。诏荀勖、束晳等以隶书写之。'按：《春秋左氏传》，穆王欲肆其心，周行天下，将皆必有车辙马迹焉。此书所载，即其事也，其体制与起居注同。"按：旧史以《穆天子传》列"起居注"中；清代辑《四库书》，列诸"小说"中。

（二）经典诸子非宗教

经典诸子中，有谈及道德者，有谈及哲学者，曾未有谈及宗教者。今人因佛经及耶教《圣经》均属宗教，遂以为国学中之"经"亦如是解，实是大误。

张冥飞曰：宗教之说，自佛书入中国后始有之，禅宗释教是已。东汉张道陵因当代帝王多有求仙之癖，乃事所谓元始天尊、太上老君者为教祖，创为修仙之说，谓之道教，晋时亦谓之天师道，此后道教之名乃大著，其由来盖仿释氏之称而自称也。至儒教之称，不知所自始，大抵亦在东汉之季。《翻译名义集》云："吴主问三教。尚书令阚泽对曰：'孔、老设教，法天制用，不敢违天。佛之设教，诸天奉行。'"是三国时已有三教之称。但何以援儒入墨如此？不佞以为汉代儒术，本极驳杂不纯，荒诞之言，纬候诸书外，其见于经传注中者不一而足，加之绵蕝习礼，叔孙通特开干荣幸进之门，古之儒行，荡焉泯焉，其不为世重者久矣。其在末流，妄冀以教立名，窃附于释、道之列，引以为重，亦固其所，而不知贬损此儒字者，乃至于无等也。（孔子集古圣之大成，其所立言，无一非人生日用必需之道，人之根本也。若释若道，皆枝节而已，有固不妨，无更无碍。）至于耶教，尤不值一哂。旧教之专言势力，固纯乎兽性之表示，即新教之泛言博爱，亦莫能出释氏之范围，只以千数百年与政治有关，习俗又未能舍弃之，因而存在，实未有讨论之价值也。

又按：《史记·朱家传》："鲁人皆以儒教，而朱家用侠闻。"其云"以儒教"者，人所服习者儒之事，即用以教人也。"教"属动字，非名字。今人偏欲认为名字，使儒者之道下侪于佛、老，实不可解。

佛经、《圣经》之"经"字，乃后人翻译时随意引用，与"经"字原意并不相符。"经"字原意乃"一经一纬"之"经"，即线是也。所谓"经书"，无非是一种线装书之谓。明代有"线装书"之名称，所以别于篇自为篇、页自为页之时文墨卷。墨卷无保存之价值，故以外诸书，称"线装书"以别之。

古代记事书于简，不及百名者书于方。事多一简不能尽，遂连数简而记之，连各简之线，即"经"是矣。盖"经"之为书，特当代记述较详而时常备阅者。不但不含有宗教意味，即汉时训"经"为"常

《翻译名义集》，（宋）释法云撰，南宋绍兴刻修补印本

《老学庵笔记》，（宋）陆游撰，明崇祯间毛氏汲古阁刻本

道"，亦非本意。后世亦有疑"经"为"经天纬地"之意者，比拟空阔，仍是不伦。

　　张冥飞曰：古代以书契代结绳（书契即文字），书之方策，方者木版，策者竹简也。记载短则书之方，一方各书一事也。记载长则书之简，数简连书一事也。起草于竹青上，易于涂改也。草竟誊真，则杀其青，火炙使汗，书之竹白，则不能涂改矣。连数简为一者曰编，连之之物，古用韦，韦者制皮所成。孔子读《易》，韦编三绝是也。其后丝枲之用渐广，以经代纬，取其简便，自应有之。至周秦之际，已渐以缣素书字，方之制殆已不行，然简策仍未能废也。至汉蔡伦造纸，简策之制亦成过去。

（书版之制，宋人亦有行之者。《老学庵笔记》云："元丰中士人以金漆版代书帖，与朋侪往来者。已而苦其露泄，有作两版相合，以片纸封其际者，或又以缣囊盛而封之。"）而记事于纸，藏以备忘，则联多数纸为一，加轴以卷之，谓之"卷"。或编次而藏之，谓之"帙"。用线装订成书，始于宋季镂版印书之后。古书编之可考者如此。今谓"经"为"线装书"之意，似仍不如训"经"为"常道"之说为长。

中国自古即薄于宗教观念，因中国人皆重视政治。周时诸学者，以谈政治相尚，其所著作，无不有关于政治之意见。此自是中国情形与各国不同处。中国地土辽广，统治方法，急待研究，不若欧西地小国多，于统治一隅，不感困难。印度地土虽大，其内部实分多数小邦，是以宗教在欧西、印度等处易于发达，中国人则以全力着眼政治，故对宗教不甚注意也。

按：佛说入中国后，虽梁武帝之舍身，唐宪宗之迎佛骨，一时举国若狂，究竟为害于政治者时期甚短，亦一证也。

老子即反对宗教者，其言曰："以道莅天下，其鬼不神。"孔子亦反对宗教者，虽于祭祀之事极注意，但吾人深味"祭神如神在"之"如"字，即不啻明明告我以无神也。《礼记》一书极考究祭祀，但其书出自汉代，未必尽属古人之典制也。

张冥飞曰：宗教之所以不足使吾人信仰者，即是崇奉神道，无论其为多神教与一神教，总之无信仰之价值。古人"神道设教"之说，完全属于收拾人心之一种手段，但以神道收拾人心，即是政刑有所不中，德礼有所不孚，可知矣。至孔子"祭如在，祭神如神在"二语，"祭如在"者，谓祀先人也，仁人孝子有不忍死其亲之心，故事死如事生，僾见忾闻，俨然先人之在室，而究之生死之别不可渎，故焄蒿昭明凄怆，总与问安视膳者有异矣；"祭神如神在"者，神本无者也，无而为有，故祭之事作，作之自古，时王又因之，自不敢废，身与其祭，而心以为无，自欺已甚矣。是以以为有临其上、质其旁者，盖亦屋漏中十手十目之意耳。必谓圣人通鬼神之情状，则未免惑矣。

又按：郊祭之礼、禘尝之义，本不易言。若《礼记》中所言，或是封禅狂热中傅会古制，以取容悦于时王，未可知也。

祀天地社稷，古代人君确是遵行。然天子、诸侯以下，即未有与祭之身分。要知宗教原意，是欲普及于一般人，耶稣教之所谓"上帝"，亦是欲一般人膜拜。中国古时之所谓"天"，所谓"上帝"，则非人君不能拜，是根本上已非宗教也。

张冥飞曰：天子祀天地，诸侯祀社稷，其所由来，乃是防制人君昏暴之行为者。盖君之为物，既比之于天，大而无外；又比之于父，尊亲之义无可逃。君也者而苟有恣睢暴戾之行为，又谁得而阻止之？伊尹之放太甲，汤武之革命，究非寻常容易之事。故既造成一种不可干犯之君，遂不得不造成一种冥漠无朕之神，借以敛抑君之妄性，此人君之所以拜神之原始也。其祀天地社稷若有差等者，盖以为人人可拜此神，即神亦不贵，不足以动人君之敬畏尔。

又按：中国人之求神拜鬼，宗教家之所诱惑者固多，而谚所谓"平时不烧香，临时抱佛脚"者，尤为多数。盖求神拜鬼者流，大抵陷于无可如何之境，遂借此一求一拜，以自慰其心者。事过境迁，所求拜之神鬼，早已不复置念矣。故宗教之在中国社会上，亦绝不能有何种之势力，借曰有之，亦一瞬而消灭。有如清季教案，官多左袒教民，一时天主、耶稣之势力非不膨胀，曾几何时，教民二字，寂寂无闻，亦一证也。

九流十家中，墨子论天论鬼，阴阳家说阴阳生克，亦似含有宗教意味。但墨子所谓"天"，阴阳家所谓"龙虎"，毕竟与宗教相去甚远。就以上所述者讨论，吾人可以断定经典诸子非宗教。

按：九流见《汉书·艺文志》，其书今多不传。

（三）历史非小说传奇

后世历史，因为辞采不丰美，描写不入神，众人以为能纪实。对于古史，若《史记》《汉书》，其叙述与描写甚佳，众人转多怀疑，以为不实。有如《刺客列传》记荆轲刺秦王事，《项羽本纪》记项羽垓下之败，真能绘影绘声。众人读之，以为事实未必如此，太史公又非目见，或者亦是《水浒》之写武松、宋江，同一虚构而已。实则太史公作史，择雅阙疑，慎之又慎。例如伯夷、叔齐之事，曾经孔子论及，所以为之作传，而许由、务光之流，即缺而不录，所谓慎也。项羽及荆轲之事，昭昭在人耳目，太史公虽未见，而其时之传说甚多，足供采录，不得疑其虚构。至《史记》中叙述其他武事，若夏侯婴、周勃、灌婴等传，所写战功，仅书得某城，斩若干级，擢某官，绝不别为铺叙，当亦由于无特别之传说，惟有将当日官文书中之报告，记述一笔而已。如必谓太史公有意伪述，则《刺客列传》中，荆轲而外，仅曹沫、专诸略有叙述，而豫让、聂政等竟完全略过，又属何故？《水浒》写一百八人，施耐庵所以不能人人为之描摹；《刺客列传》仅五人耳，岂太史公不能人人为之描摹耶？此无非荆轲行刺情形有传说可凭，此外无之，是以详略悬殊，岂得指为太史公之虚构哉。

张冥飞曰：史才以司马子长为千古第一人，良史三长，略无愧色。班氏《前汉》，其识不及；范氏《后汉》，其才不及；陈氏《三国》，其学不及。一部十七史，可观者仅此四史，而四史中以马、班为佳，班氏又逊于马。至于欧阳之《五代》，虽较宋氏为佳，①而才识总逊《史记》。唐以后诸史，则尽仿宋子京之简写法，虽不断烂，实与朝板无殊。千年来青史中人，有为士林所曾不及知者，职此之由。然太史公发愤著书，实专心于文章之事，所写之人之事，皆所择之作文材料而已。《史记》一书中，其尤为太史公所专心描写者，《项羽本纪》《伯夷列传》《屈原列传》《淮阴侯列传》《游侠》《刺客》各列传，数篇而已，而无不与发愤著书之本意有关。项羽为高祖之敌，又未克践帝位，乃列之本纪以崇之，且举"舜目重瞳子"以赞之。此不但不以成败论人而已，其意直谓高祖侥幸成功，不及项羽远甚也。故《高祖本纪》中颇多微词，又列吕后于本纪以丑之，愤之至也。《伯夷列传》序事仅数语，通篇皆悼惜之词，借以写愤也。《屈原列传》序事

---

① "宋氏"，疑当作"薛氏"，指撰《旧五代史》之薛居正。

亦无多，几全将楚《骚》录入，亦借以写愤也。《淮阴侯列传》全写蒯通相背之词，写其冤痛，亦自写也。《游侠列传》只道得"缓急人所时有"一语，亦所以写愤也。《刺客列传》以全力写荆轲者，痛其无成也；若曹沫、若专诸、若聂政，皆成功者，故略之；豫让虽亦无成，然尚得赵襄之子衣而击之，则赍志末世之恨亦可以少已，故虽有《国语》《国策》之文可以采录，亦宁置之，而专写一荆轲，亦所以书愤也。若夫文章之事，太史公盖有周秦诸子之长，而自成一家者。其所序述，为自得其行文之乐者多，而以事存人、以人存事之时极少。惟五帝及三代各本纪直录《尚书》处，不敢以意为增损，此外则一听笔之所如，曾不为事实所束缚。此谊亦非后代作史者所敢出也。

张冥飞曰：史贵纪实，固也，然亦必作史者有直书其事、是非立见之笔力，乃足使人不劳判别之力，一览即知之。（例如《淮阴侯传》全写蒯通之言，即是表明韩信之决不谋反。《汉书》删却，别为蒯通立传，其识不及太史公远甚。）人之智愚贤不肖，见诸行事，有善恶分明者，有不分明者，有善恶不分明而日后分明者，亦有永不分明者。作史者于此，自当以其卓绝古今之识力，精心判别，严一字之褒贬，或原其心，或诛其意，孤臣孽子之苦衷无所蔽，神奸臣慝之隐慝无所逃，乃真是直笔，真足传信。此谊太史公外，罕见之矣。

太史公作《史记》，颇侧重于作文方面，观《伯夷列传》《屈原列传》可知矣。后世知此谊者，昌黎韩子，庶几得之。所作《柳子厚墓志》，对于子厚依傍王叔文事绝不讳饰，所以存其真也；对于其贬谪后诸政绩绝不铺张，区区政绩不足以传子厚也；

独于顾念刘禹锡母老，愿以柳易播一事，极力写之，一若禹锡之改剌连州，由子厚至诚之所感者然。实则子厚特有此一念而已，并未见诸行事。而子厚则以昌黎此文，有千古矣。此自是昌黎有意如此传子厚。盖人之传不传，全视乎文字；文之传不传，全视乎用笔之空灵或板滞。纪实之文，能免于板滞者盖鲜，《考工记》之高古，可观者尚少，况余子乎？故必以纪实者为文，写来无非是日用流水账；必以纪实者为史，其异于宫门钞、辕门钞者几希。

商山四皓一事，有人以为四老人何足使高祖发生如许信仰，《史记》所载，未必是实。要知一事之成，往往由多数人合力所作，史家常在甲传中归功于甲，在乙传中又归功于乙。汉惠帝之免于见废，商山四皓亦是有功之一，所以在《留侯世家》中写出，并无可疑。

张冥飞曰：《留侯世家》本写得迷离惝恍，推太史公之意，无非以其得保首领以终于猜主妒后之朝，为莫大之幸事。故所写博浪沙中之无名力士、圯桥之老人与商山四皓等，皆特为迷离惝恍之笔者也。至关于废立事有功无功，绝不从人臣事君之正义上着论，又即是太史公鄙薄刘季夫妇，不足以君母天下之微意矣。

史书原多可疑之处，然不能与小说之虚构者同论。如刘知幾《史通》曾疑更始刮席之事为不确，因更始起自草泽，已有英雄气概，何至为众拥立时，竟羞惧不敢仰视，乃至以指刮席？此或者是光武一方诬蔑更始之语。

《史通》属史评类，唐刘子玄撰，知幾其字也。子玄官秘书监时，与萧至忠、①宗楚客争论史事，发愤而作，故其词往往过激，至《疑古》《惑经》诸篇，②更几于王充之《刺孟》《问孔》。然子玄熟悉史例，其所驳诘，虽班、马或不能自解，故自唐宋以来，史家奉若龟鉴焉。

又如史书写王莽，竟是一愚骇人。如所写之愚骇状，其人又岂能篡汉？此亦汉室中兴后，对于王莽当然特别贬斥。此种成败论人习气，史家在所不免，然绝不是小说之虚构也。

　　按：史家过甚其词处在所不免，读者欲不为古人所欺，自非有相当之知识不可者。

考《汉书·艺文志》，已列"小说"为各家之一，然所谓"小说"者，乃县志之类，如所谓《周考》《周纪》者；又《庄子》有"饰小说以干县令"一语，乃指当时游谈之士，不能与六国侯王晤对，只能向各地方官说本地方事，此皆与后世所称为"小说"者不同。刘宋时有《世说新语》一书，所记多属有风趣之魏晋间人言行，但其与正史不同处，仅时日有前后参差，事实并非虚构。唐人始多笔记小说，颇有因爱憎而特加揄扬与贬抑者，去事实稍远。《新唐书》因《旧唐书》记事太略，多采取此类笔记以增之。司马温公作《通鉴》，对于此类增加之事实，必由各方搜罗证据，见有可疑，即行删去。可知作史未有不慎重将事者。

----

① "萧至忠"，原误作"萧玉忠"，据《旧唐书·刘子玄传》改。
② "《疑古》《惑经》"，原误作"《疑经》《惑古》"，据《史通》改。

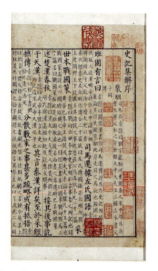

《史记》，（汉）司马迁撰，（南朝宋）裴骃集解，（唐）司马贞索隐，宋乾道七年蔡梦弼东塾刊本

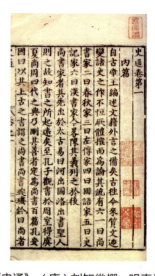

《史通》，（唐）刘知幾撰，明嘉靖十四年陆深刻本

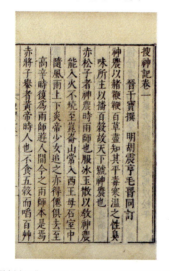

《搜神记》，（晋）干宝撰，明崇祯间毛氏汲古阁刻《津逮秘书》本

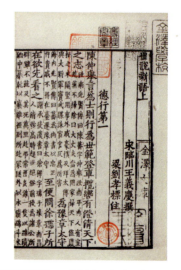

《世说新语》，（南朝宋）刘义庆撰，（梁）刘孝标注，南宋绍兴八年浙刊后修本

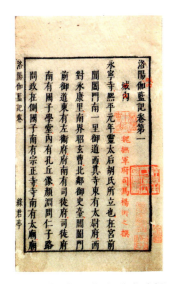

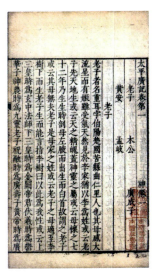

《洛阳伽蓝记》，（北魏）杨衒之撰，明末毛氏绿君亭刻本

《太平广记》，（宋）李昉等辑，明嘉靖四十五年谈恺刻本

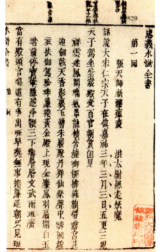

《忠义水浒全书》，（元）施耐庵撰，（明）罗本纂修，（明）李贽评，明末郁郁堂刻清修本

最与近来所谓"小说"相近之书，为宋代之《宣和遗事》，所记宋徽宗游李师师家，写得非常生动，但亦事出有因；又所写宋江三十六人名号（《水浒》一书当即据以推演），亦非全出于虚构。至古书中确有全出虚构者，类多记载神仙鬼怪之事，如《太平广记》诸书是。《聊斋志异》从而脱胎，又不可与《水浒》同年而语。而正史中则从不采取其说，所以正史中虽有叙事非常生动之处，但决与小说、传奇不同。

> 按：古小说大约可分为二种：其一属于神话，若干宝《搜神记》、段成式《诺皋记》等是也；其一属于野史，又有二别，甲属于地土风俗者，若《荆楚岁时记》《洛阳伽蓝记》等是也，乙属于遗闻逸事，若《杂事秘辛》《飞燕外传》《长恨歌传》等是也。此皆不得与正史齐观，正史亦绝不能如此描写纤细，体裁悬绝故也。但文章之事，或有类似之处，则所不免尔。

第二日讲学记

(乙)①治国学之法

(一)②辨书籍真伪

古时书籍多，学问亦杂。如经、史、子、集四部，除集部中伪造者较少外，其经、史、子则鱼目混珠，伪造者不可胜数，数千年受其欺罔。姚际恒著有《古今伪书考》，略将伪书指出。盖经部伪书已不少，如《尚书》五十八篇，内二十五篇系晋代梅赜所伪造，至宋始知其伪，然受欺已千余年。人之所以受其欺者，为其所伪造尚近情也。

按：《尚书》监本（隋以来之国子监为国立大学，所刊布之本曰监本。其各书肆所刊本，曰坊本）五十八篇，其中今、古文混。梅氏伪书，至今存也。考《尚书》经秦火，世无传书。汉搜遗经，始得之伏生口授，凡二十八篇，为《尧典》《皋陶谟》《禹贡》《甘誓》《汤誓》《盘庚》《高宗肜日》《西伯戡黎》《微子》《牧誓》《洪范》《金縢》《大诰》《康诰》《酒诰》《梓材》《召诰》《洛诰》《多士》《多方》《立政》《无逸》《君奭》《顾命》《吕刑》《文候之命》《费誓》《秦誓》，是曰《今文尚书》。

---

① "（乙）"，原作"（二）"，据前后章节编次改。
② "（一）"，原作"（甲）"，据前后章节编次改。

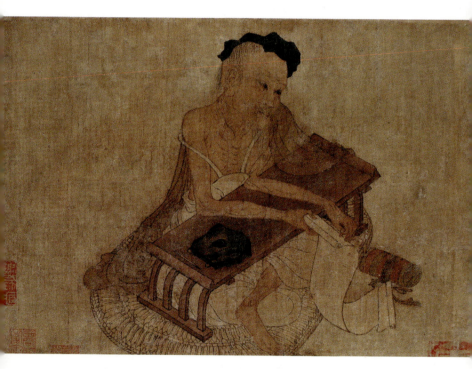

《伏生授经图》，题（唐）王维绘，日本大阪市立美术馆藏

《隋书·经籍志》曰："伏生，济南人，口传二十八篇，以授同郡张生，张生授千乘欧阳生，欧阳生授兒宽，宽转授欧阳生之子，至曾孙欧阳高，作《尚书章句》，为欧阳氏学。又有夏侯都尉，受业于张生，以授族子始昌，始昌传族子胜，为大夏侯之学。胜传兄子建，别为小夏侯之学。故有欧阳，大、小夏侯，三家并立。讫东汉，相传不绝。初，汉武帝时，鲁恭王坏孔子旧宅，得孔壁所藏之书。孔氏安国校之，合伏生所诵，成五十八篇。其余篇简杂乱，不可复读，并送之官府。孔氏安国又为五十八篇作传，会巫蛊事起，不获奏上，私传其业于都尉朝，朝授胶东庸生，谓之古文《尚书》之学。然孔注之后，传者绝少。东晋梅赜始得安国之传，奏之。齐建武中，始列国学。"唐明皇天宝间，卫包受诏更定，遂以大行。

至《古文尚书》，孔氏安国谓得之孔壁（见所为《书序》）。其五十八篇之目，为《尧典》《舜典》《汩作》《九共一》《九共二》《九共三》《九共四》《九共五》《九共六》《九共七》《九共八》《九共九》《大禹谟》《皋陶谟》《弃稷》《禹贡》《甘誓》《五子之歌》《胤征》《汤誓》《汤诰》《咸有一德》《典宝》《伊训》《肆命》《原命》《盘庚上》《盘庚中》《盘庚下》《高宗肜日》《西伯戡黎》《微子》《太誓上》《太誓中》《太誓下》《牧誓》《武成》①《洪范》《旅獒》《金縢》《大诰》《康诰》《酒诰》《梓材》《召诰》《洛诰》《多士》《无逸》《君奭》《多方》《立政》《顾命》《康王之诰》《冏命》《柴誓》《吕刑》《文侯之命》《秦誓》。

---

① "《武成》"，原脱漏，据《尚书》补。

桓谭《新论》曰："《古文尚书》旧有四十五卷，为五十八篇。"盖贾、马《尚书》三十四篇，益以孔氏逸书二十四篇，为五十八篇，内《盘庚》三篇同卷，《太誓》三篇同卷，《顾命》《康王之诰》二篇同卷，逸书《九共》九篇同卷，实十六篇，合四十五卷。

其后又有张霸之伪《古文尚书》，名《百两篇》。

《书纬》曰："孔子将黄帝玄孙帝魁之书，迄于秦穆，凡三千二百四十篇，断远取近，定其可为世法者一百二十篇。以百二篇为《尚书》，十八篇为《中候》。"（张霸之傅会为《百两篇》，当是其时有此纬说之故。）

《汉书·儒林传》曰："世所传《百两篇》，出东莱张霸，分析二十九篇以为数十，又采《左氏传》《书序》为作首尾，凡百二篇，文意浅陋。成帝时求古文，霸以能为《百两》征，以中书较之，非是。"

东晋梅赜之《古文尚书》，自谓得安国之传。其增多之二十五篇，为《大禹谟》《五子之歌》《胤征》《仲虺之诰》《汤诰》《伊训》《太甲上》《太甲中》《太甲下》《咸有一德》《说命上》《说命中》《说命下》《泰誓上》《泰誓下》《武成》《旅獒》《微子之命》《蔡仲之命》《周官》《君陈》《毕命》《君牙》《冏命》。

《后汉书·儒林传》曰："自安国以下，世传《古文尚书》。"又曰："扶风杜林传《古文尚书》，林同郡贾逵为之作训，马融作传，郑玄注解，由是《古文尚书》复出于世。"又曰："建初中，诏高才生受《古文尚书》，虽不立学官，然皆擢高第为讲郎。"

陆氏《释文》言马、郑所注二十九篇，而杂以今文，非孔子旧书。盖伏生所传之二十八，而《泰誓》别得之民间，合之为二十九，非今之《泰誓》。《隋书·经籍志》曰："马融、郑玄所传，惟二十九篇，又杂以今文，非孔子旧书。"

考《尚书》传自伏生口授者二十八篇，经孔安国自谓得自孔壁所藏之蝌蚪文，加以删订后，已增至五十八篇，虽不列于学官，而流传当亦甚广。是《古文尚书》之说，在东汉已极盛矣。马、郑所注二十九篇，其云内杂今文者，或者当时反以为伏生所口授者，为非孔子手删之原书，故篇数虽因伏生之旧，加一别得之《泰誓》，而原文或遵孔壁之文，未可知也。（郑氏述古文逸《书》二十四篇，为《舜典》、《汩作》、《九共》一至九、《大禹谟》、《弃稷》、《五子之歌》、《胤征》、《汤诰》、《咸有一德》、《典宝》、《伊训》、《肆命》、《原命》、《武成》、《旅獒》、《冏命》，可见孔安国之书，当时固甚流传也。）惜蔡邕石经不可得而悉考，否则汉季列于学官之《尚书》，究属今文抑古文，不难证明矣。三国之乱，书籍之厄，不下于秦火。梅氏之书，当系因安国所传而删并增减之者，其作伪亦甚巧也。然孔壁藏书与汲冢藏书，同属不可传信之事，在安国即亦不免于作伪之疑，况梅氏因之而显露作伪之迹者哉。然梅书流传至今五十八篇，竟一仍其伪古文之目，虽经宋人揭破，究之伏生口授原文为所点窜处，已不可复完矣。褚少孙点窜《史记》，王叔和点窜《伤寒论》，魏晋间人富有此种习气，最堪痛恨。

晋代秘府所存，有《古文尚书》经文。及永嘉之乱，欧阳，大、小夏侯之书并亡。至东晋豫章内史梅赜，始得安国之传上之，增多二十五篇，以合于伏生之二十八篇，而去其伪《泰誓》，

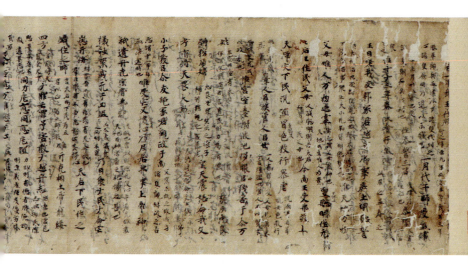

《古文尚书》，唐写本

又分其《舜典》、《益稷》、《盘庚》中、下、《康王之诰》各自为篇，即今之五十八篇也。其《舜典》亡阙，取王肃"慎徽"以下之传续之。齐明帝建武四年，有姚方兴者于大航头得本，有"曰若稽古帝舜"以下二十八字，献之，朝议咸以为非。（梁武时为博士，议曰："孔《序》称伏生误合五篇，皆文相承接，所以致误。《舜典》首有'曰若稽古'，伏生虽昏耄①，何容合之？"遂不果行。）及江陵板荡，其文北入中原，学者异之，遂以列诸本第②。然则今之《尚书》，其今文、古文皆有之三十三篇固杂取伏生所传之文，而二十五篇之出于梅赜，《舜典》二十八字之出于姚方兴，又合而一之。孟子曰："尽信《书》则不如无《书》③。"于今日而益验之矣。

宋以来诸儒之揭破梅氏伪古文者，其说如次：

蔡九峰曰："今文多艰涩，古文反平易。或者以为今文是女子口授晁错时失之。（文帝欲召伏生，生九十余，老不能行，使晁错往受之，而伏生言不可晓，使其女传言教错。）则先秦古书所引之文皆已如此，恐未必然也。或以为纪录之实语难工，润色之雅词易好，故'训''诰''誓''命'有难易之不同。然伏生倍文暗诵，乃偏得其所难；而安国考定于蝌斗古书杂乱磨灭之余，反专得其所易，又有不可晓者。"

吴草庐曰："伏生《书》虽难尽通，然词义古奥，其为上古之书无疑。梅赜所增，体制出于一手，采辑补缀，虽无一字无所

---

① "耄"，原误作"氂"，据《经典释文·序录》改。
② "第"，原误作"策"，据《史通·古今正史》改。
③ "无书"，原误作"无有"，据《孟子·尽心下》改。

本，而平缓卑弱，殊不类先汉以前之文。夫千年古书，最晚乃出，而字画略无脱落，文势略无龃龉，不亦大可疑乎？"

吴才老曰："增多之书，皆文从字顺，不若伏生之书，诘屈聱牙。"

朱仲晦曰："《尚书孔安国传》是晋、魏间人作，托安国为名耳。"又曰："孔《传》并《序》皆不类西京文字气象，与《孔丛子》同是一手伪书。盖其言多相表里，而训诂亦多出于《小尔雅》也。"

归震川曰："班固《艺文志》有《尚书》二十九篇，《古经》十六卷。①《古经》，汉代之伪书，别于经，不以相混，盖当时儒者之慎如此。而唐之诸臣不能深考，假以晚晋杂乱之书，定为义疏，而汉魏专门之学，遂以废绝。朱子盖有所不安，未及是正，吴文正公实有以成之。而今列于学官者，荐绅先生莫知广石渠、白虎之异义，学者蹈常袭故，漫不复有所寻省，可叹也已。"

又按：《尚书》又有"中文""中古文"之称。《前汉书·艺文志》："刘向以中古文校欧阳，大、小夏侯三家经文，《酒诰》脱简一，《召诰》脱简二。"《后汉书·刘陶传》："陶明《尚书》，推三家《尚书》及古文，是正文字三百余事，名曰《中文尚书》。"汉末之乱无传。

明代伪书极多。如子贡《诗传》，系丰坊所造。《孟子》孙奭疏、

---

① "卷"，原误作"传"，据归有光《尚书叙录》改。

《孝经》郑康成注，均伪造者。

按：孔子删《诗》，存三百十一篇。至秦亡其六篇，今存三百五篇。《汉书·艺文志》："《诗》三百五篇，遭秦而全者，以其在讽诵，不独竹帛故也。"王鲁斋曰："三百篇非尽夫子之旧，秦火《诗》《书》同祸，《书》亡缺如此，何独《诗》无一篇之失。如《素绚》《唐棣》《狸首》《緜柔》《先正》等篇①，何以皆不与？而已放之郑声，何为尚存而不削？盖闻夫子三百篇之数而不全，则以世俗之流传、管弦之滥存者足之也。"

汉说《诗》者四家。《鲁诗》始申培，盛于韦贤；《齐诗》始辕固，盛于匡衡；《韩诗》始韩婴，盛于王吉，皆立学官。自鲁国毛亨作《诂训传》②，授赵国毛苌，时人谓亨为大毛公，苌为小毛公，以二公所传，故曰《毛诗》。谢曼卿为之训，郑众、贾逵为之传，康成为之笺。其后《齐诗》亡于魏，《鲁诗》亡于晋，《韩诗》虽得《外传》，而谬戾之处滋多。惟《毛诗》以传自子夏，至今尊之。陆德明《经典释文》据旧说以《关雎序》为《小序》，自"风，风也"迄末为《大序》，并引《诗谱》，谓《大序》子夏作，《小序》是子夏、毛公合作，子夏意有未尽者，毛更足成之。郑康成曰："子夏序《诗》，篇义合编。毛公《训传》③，各引其序，冠于篇首。"

明嘉靖中，鄞人丰坊，字道生，作《鲁诗世学》三十六卷，首列子贡《诗传》于前。其说皆臆撰不经，徒取三百十一篇而悉

---

① "《先正》"，原脱漏，据吴师道《诗集传名物钞序》所引王柏说补。
② "《诂训传》"，原误作"《训诂传》"。
③ "训"，原误作"作"，据郑玄《毛诗笺》改。

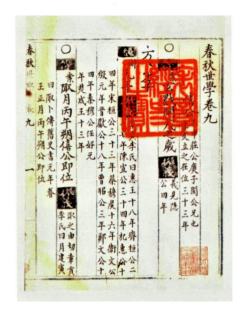

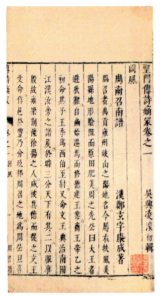

《春秋世学》,(明)丰坊撰,明鄞县丰氏万卷楼抄本　　《圣门传诗嫡冢》,(明)凌濛初辑,明崇祯刻本

乱之。朱竹垞驳斥其伪,辨之甚详,且以妄人目之。然乌程凌濛初犹取其书与古《诗序》合刻,目曰《圣门传诗嫡冢》①,尤属梦中说梦。大抵丰氏以《毛诗》之学源出子夏,故伪造一端木氏之《诗传》,思夺二毛公之席也。

《文献通考》:"秦焚经籍,《孟子》书号为诸子,得不泯绝。"《汉书·艺文志》以《论语》入经类,《孟子》入儒家类。陈直斋《书录解题》,始以《语》《孟》同入经类。

---

① "冢",原误作"派"。

孙奭《孟子音义》二卷，自序云："自陆善经以降，其所训说，虽小有异同，而共宗赵氏。张氏徒分章句，漏略颇多；丁氏稍识指归，讹谬时有。与王旭、马龟符、吴易直、①冯元等，推究本义，参考旧注，集成《音义》二卷。"

《困学纪闻》："孙奭《孟子疏》，《崇文总目》《馆阁书目》《读书志》皆无之。朱子谓：'邵武士人作，不解名物制度，其书不似疏。'"

注《孟子》者：后汉赵岐为《章指》，析为十四篇；唐陆善经删之，复为七篇；扬雄、韩愈、李翱、熙时子四家注，旨意浅近；宋孙奭《正义》，以赵注为本，而亦兼取陆说；范祖禹、孔武仲、吴安诗、丰稷、吕希哲等五臣说，②虽贯串史籍，而文辞微涉丰缛；伊川、横渠、南轩、颍滨、彦明皆有解说，以视张无垢、王安石与裴日休《百家解》编，得失判然；若戴溪之《石鼓答问》③，切近明白，朱子尝称其近道；至于删孟者冯休，刺孟者王充，疑孟者温公，与孟辩者东坡，非孟者荀卿、李泰伯、郑厚叔，续孟者林慎思，翼孟者陆嘉材④，尊孟者余允文⑤，至朱子作《集注》及《或问》，而群议息；元金履祥亦有《考证》，尚有可取。

《四库全书总目》曰："蔡邕《明堂论》引魏文侯《孝经传》，《吕览·审微篇》亦引《孝经·诸侯章》，则其来久矣。然授受无绪，故陈骙、汪应辰皆疑其伪。今观其文，去二戴所录为近，要

---

① "直"，原脱漏，据孙奭《孟子音义序》补。
② "吕希哲"，原误作"吴希哲"，据《郡斋读书志》《直斋书录解题》等改。
③ "答问"，原误作"问答"，据《直斋书录解题》《宋史·艺文志》等改。
④ "陆嘉材"，原误作"陆嘉林"，据周必大〈陆氏〈翼孟音解〉序〉改。
⑤ "余允文"，原误作"虞允文"，据余允文《尊孟辨》改。

为七十子徒之遗书。"

《孝经钩命决》："孔子曰：'吾志在《春秋》，行存《孝经》。'以《春秋》属商，《孝经》属参。"

《隋·经籍志》："孔子次叙六经，题目不同，指意差别，恐斯道离散，故作《孝经》，以总会之，明其枝流虽分，本萌于孝。"

唐初《孝经》惟孔安国、郑康成两家之注，然辞多枇缪。玄宗乃诏群儒学官，俾共集议。于是刘子玄辨郑注有十谬七惑，司马坚斥孔注多鄙俚不经。

《文献通考》："《孝经》郑氏注，相传为郑玄，其立义与玄所注余书不同，故疑之。"郑氏注，相承言是康成作，郑樵《通志》录目不载，通儒皆验其非。一说，郑注乃康成之孙小同所作。

正史不敢伪造，而别史则伪者多矣。《吴越春秋》《越绝书》皆伪书也。《越绝书》托名子贡著，实则汉人袁康所造。又《汉魏丛书》中之《汉武内传》《飞燕外传》，类系宋人所造。当时或认为真，今则知其伪矣。

《吴越春秋》，记吴、越两国兴亡始末，后汉赵晔撰。仿《春秋》编年，又仿《史记》分传，行文亦胜。然中多小说家言，乃稗史杂记体也。《四库总目》曰："晔所述虽稍伤曼衍，而辞颇丰蔚。其中如伍尚占甲子之日，时加于巳；范蠡占戊寅之日，时加日出，有腾蛇青龙之语；文种占阴画六、阳画三，有玄武、天空、天关、天梁、天一、神光诸神名，皆非三代卜筮之法，未免多所附会。至于处女试剑、老人化猿、公孙圣三呼三应之类，尤近小说家言。自是汉晋间稗官杂记之体。①"

《越绝书》，无撰人名氏，相传为子贡作，或曰子胥（见《崇文总目》）。其书杂记吴、越事，与《吴越春秋》相出入，下及秦汉，至建武二十八年。盖战国后人所为，汉人附益之耳。"越绝"之义曰："圣人发一隅，辩士宣其词，圣文越于彼②，辩士绝于此。"故题曰"越绝"，而终不可晓（见《书录解题》）。或据王充《论衡》，谓即吴君高之《越纽录》，疑"绝"与"纽"相近，而不知"越绝"非"越纽"也，吴君高当别有《越纽录》。杨升庵据其后序曰："以去为姓，得衣乃成，厥名有米，覆之以庚③。"谓"袁康"所作。又《篇叙外传记》曰④："文字属定，自于邦贤；以口为姓，承之以天；楚相屈原，与之同名。"乃"吴平"也。是此书为袁康作，吴平所同定。《隋志》称为子贡作，是沿讹而不知其非也。

《汉魏丛书》所搜罗者皆稗官杂记之说，宋人书窜列其中者，不仅《汉武内传》《飞燕外传》数篇而已，本非传信之书，要亦与《唐代丛书》同作小说观可也。

子部中伪本极多。吾人所知者，如《吴子》《列子》《文子》《关尹子》《孔丛子》《黄石公三略》等，前三书略可信，而后三书则全不足信矣。《吴子》中之器具，有非当时所用者，此必六朝时人所造。

---

① "体"，原脱漏，据《四库全书总目提要》补。
② "文"，原误作"人"，据《直斋书录解题》改。
③ "庚"，原误作"唐"，据《越绝书》、杨慎《跋越绝》改。
④ "《篇叙外传记》"，原误作"《外编传》"，据《越绝书》改。

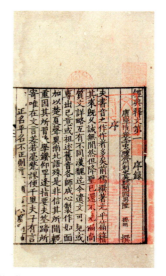

《经典释文》，（唐）陆德明撰，宋刻宋元递修本

《孟子音义》，（宋）孙奭撰，明汲古阁影宋抄本

《孝经》，（唐）玄宗李隆基注，（唐）陆德明音义，元岳氏荆谿家塾刻本

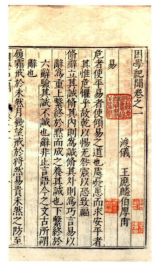

《困学纪闻》，（宋）王应麟撰，明刻本

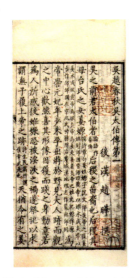

《吴越春秋》，（后汉）赵晔撰，（元）徐天祐音注，明弘治十四年郑廷瑞、冯弋刻本

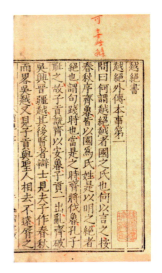

《越绝书》，（汉）袁康撰，明嘉靖三十三年张佳胤双柏堂刻本

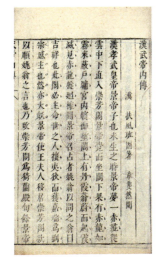

《汉武帝内传》，题（汉）班固著，明万历、崇祯间何允中刻《广汉魏丛书》本

《赵飞燕外传》，题（汉）伶玄著，明万历二十年程荣刻《汉魏丛书》本

《文子》要是晋代人所造。《列子》行文颇胜，立论亦圆，但所说多佛经中语，当是佛教入中国后之作。汉时人无引《列子》语者，此可知其非列子所作也。《关尹子》不足论。《孔丛子》较《关尹子》略好，大约是魏晋时人所造。《孔子家语》亦是缀合孔子遗文，乃王肃所造。《黄石公三略》为唐代人所造。《阴符经》亦伪书，系唐代李筌所造，此书尚在《黄石公三略》之后。

《吴子》一卷，凡六篇，相传为吴起作。

《列子》，相传为列御寇作。唐天宝中称为《冲虚真经》，宋景德中加称《冲虚至德真经》，宋江遹有《冲虚至德真经解》八卷。

《文子》，《汉书·艺文志》注谓是老子弟子，与孔子同时。或称计然作者，误也。柳宗元谓其书"旨意皆本《老子》，浑而类者少①，窃取他书以合之者多"。

《关尹子》，相传老子去周，至函谷关，见关令尹喜，遂传《道德经》五千言。《关令尹内传》："关令尹登楼四望，见东极有紫气西迈，喜曰：'应有圣人经过京邑。'至日果见老子。"盖关令尹者，守关之官，亦称关尹。此书乃谓是周尹喜撰，附会显然。且《隋志》《唐志》均未列入，自是宋人伪作。

《孔丛子》，旧题陈胜博士孔鲋撰，凡二十一篇。末为《连丛子》上、下二篇，题汉孔臧撰，凡三卷。此皆后人缀合孔氏遗文而成者。

《孔子家语》，乃取《论语》《礼记》《左传》《史记》诸书之称述孔子及孔子弟子之言行者，杂凑而成，其为晋人伪撰无疑。

---

① "类"，原误作"厚"，据柳宗元《辩文子》改。

《黄石公三略》，相传为黄石公在圯桥授与张良者，文义浅近，不类周秦时人之文。

《阴符经》，旧本题黄帝撰，太公、范蠡、鬼谷子、张良、诸葛亮、李筌六家注。《简明目录》曰："此经制自李筌，则筌注自为真本，余皆依托而已。"朱熹作《阴符经考异》一卷。当时《阴符》之伪，黄庭坚始发之，朱子亦以为然。然以其时有精语，非深于道者不能作，故刊定其文。按：《战国策》："苏秦发书陈箧，得太公《阴符》之谋，伏而诵之，简练以为揣摩。"是《阴符》古有其书，但未必即是李筌所传本耳。

吾人欲讲哲学，只求其理，书之伪真，尚可勿论；若考据之学，则差之毫厘，谬以千里，不可不辨。又有真书中间有后人附会者，如扬雄后太史公百余年，而《史记》中已述及之，此自是褚先生之徒所加入，若概谓《史记》为伪书，则不可也。康有为谓汉以前之书，尽被王莽、刘歆所删改，此亦太武断，不足信。总之，真与伪，须自辨，不能一概论，在人自抉别也。

康有为作《新学伪经考》，对汉以前书，多谓为王莽、刘歆所点窜。其说亦有所本，如方苞诸人，固亦有言之者，但不如康氏言之之甚耳。

(二)①通小学

韩昌黎曰："凡欲作文，须略识字。""识字"者，通小学也。小学本为古时儿童识字之学，今因数千年方言文字之变迁，乃为专学，

---

① "(二)"，原作"(乙)"，据前后章节编次改。

固不必尽人皆通。然读古书,则不可不明小学。

按:"小学"之名始于汉。《艺文志》小学十家,其书皆训诂、字书之属,如《尔雅》《说文》等是也。清《四库书》小学书分为训诂之属、字书之属、韵书之属,小学于是乎备,而益成为专门之学矣。近来各学校国文一科,敷衍而兼谬妄。继自今以往,岂独无能文之人,并且不复能有识字之人;岂独无能读古书之人,并且不复能有看书之人。而坊间所鬻字书,泛滥苟且,训诂、音韵,都未能溯厥源流,沟通古今。翻检虽勤,了无所得,剧可慨也。

或谓通小学,只需《说文》一书,实则不然。《说文》仅讲形体,而通小学须兼及训诂、音声。故小学分为三种:一训诂,二形体,三音声。

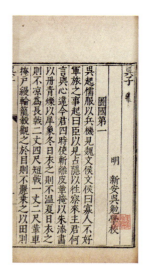

《吴子》,明万历间吴勉学刻

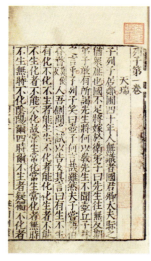

《列子》,明嘉靖六年樊川别业刻《二十子全书》本

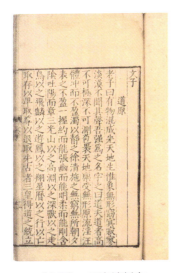

《文子》，明嘉靖刻本

《关尹子》，题（周）尹喜撰，（宋）陈显微注，明天启杭州书肆读书坊刻本

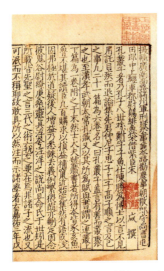

《孔丛子》，题（汉）孔鲋撰，（宋）宋咸注，宋刻本

《黄石公三略》，明嘉靖间刻《武经七书》本

小学之书，莫古于《尔雅》。《尔雅》首《释诂》《释训》，其余则杂陈名物。盖析其类而分之，则虫鱼草木，与字义门目各殊；统其类而言之，则解说名物，亦即是解释其字义也。其后《方言》《释名》继作，《广雅》《埤雅》《尔雅翼》并起，皆训诂之支流也。

古以六书教国子，指事、象形、形声、会意、转注、假借，是从根本上教人识字。《说文》虽承古六书而作，而实偏重形体。盖嬴秦八体、新莽六书，当时字体之变迁，古文、大篆、小篆、隶草之纷繁，钟鼎、碑崖、泉货之异体，唐代韦续所称之"五十六种书"①，皆以汉代为革往开来之枢纽。故许氏一书，在当时各体书淆杂之中，自不得不以形体为主而立之标准也。

音韵之学，亦始于汉。许氏作反音，孙炎作反切，及周研、李登为声谱。至齐、梁而大盛，而等韵乃作，周颙、沈约、陆法言等，本以作切韵。"切"即"反"也，两字音互相切谓之"反"，取"反覆"之义，亦谓之"翻"，如"同泰"之反为"大通"，"桑落"之反为"索郎"是也。两字切一字，磨切而出声，谓之"切"，"德红"之切"东"，"徒红"之切"同"是也。亦谓之"纽"，有"正纽"，有"倒纽"，有"旁纽"，不越一反。"反"也，"切"也，"纽"也，名异而实同。等韵之法，以三十六母，贯穿天下无穷之字。切韵以同母之字出切（所谓"双声"），以同韵之字定声（所谓"叠韵"），而本音生矣。

---

① "韦续"，原误作"韦绩"，据《墨薮》改。

《汉书·艺文志》曰："《尚书》，直言也。""直言"即白话，周《诰》、殷《盘》，即当时之官文书也，而今读之，则诘屈聱牙矣。《汉书》有云："读《尚书》应读《尔雅》。"《尚书》中字不可解者，则于《尔雅》中求之。可知读古书不明小学，即不能得正确之解释，不能上口矣。唐以前之书，尚多用古训诂，惟宋以后书，则与今无甚差异耳。然自宋以来，讲小学者甚少。朱子注经，因不通小学以致大错。如《大学》"致知在格物"一句，朱子释为"即物而穷其理"。以训诂言，"格"通作"来"，"来"通作"至"，"至"通作"极"，"极"通作"穷"。究竟一字有一字之用，若辗转通用，以"格物"作"穷物"解，宁非不通。又"敬事而信"句①，"敬，主一无适之谓"，"无适"解作"无至"，亦大误。"无适"实"无敌"之谓，出《淮南子》。清人毛奇龄驳朱子，然亦不通小学，故所驳亦皆误。至于文章之事，韩、柳之文，都通小学，故亦多诘屈聱牙处，但亦多彼时之土话。清桐城派略通小学，所引古书，知者则用，不知者仍不敢用，故尚无贻笑处。夫讲哲学，原不必定须通小学，若引经据典以为证，则仍非通小学不可也。

清古文家，有桐城派之目，始自方望溪（苞），盛于姚惜抱（鼐），至曾涤生（国藩）极推崇之而名愈震。其作文也，格律谨严，非经史中雅驯之字不敢用，故为斥弛之士所不喜，然理法井井，终不可没。恽子居（敬）别出为阳湖派，理法仍一遵桐城，而文词较腴缛矣。

---

① "敬事而信"，原误作"而敬信"，据朱熹《论语集注·学而》改。

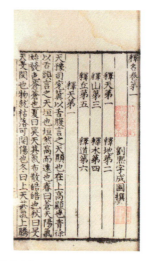

《释名》，（汉）刘熙撰，明刻本

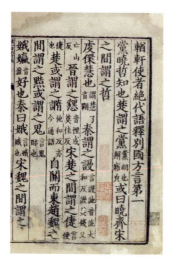

《輶轩使者绝代语释别国方言》，（汉）扬雄撰，（晋）郭璞注，宋庆元六年浔阳郡斋刻本

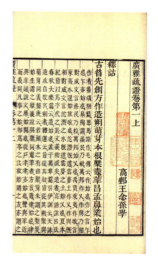

《广雅疏证》，（清）王念孙撰，清嘉庆刻本

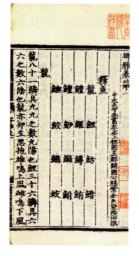

《埤雅》，（宋）陆佃撰，明刻本

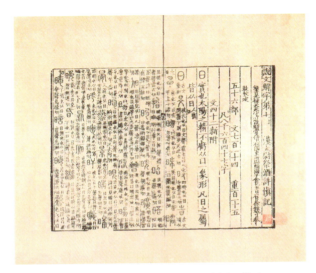

《说文解字》,（汉）许慎撰，宋刻元修本

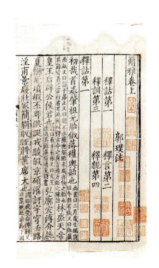

《尔雅注》,（晋）郭璞注，南宋刻本

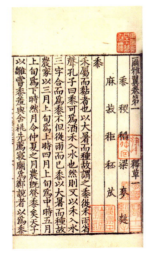

《尔雅翼》,（宋）罗愿撰，明正德十四年罗文殊刻本

第三日讲学记

（三）①明地理

地理本为补助他种学问之一科学，故欲贯通他种学问，不可不明地理。地理之学，有天然、人为二者。天然者尚易讲，如古今山川变更尚少，稽诸古籍，亦可知其大概。而人为者则难，例如郡县沿革，自古迄今，多所变更。春秋封建也，而秦置郡县。今人于古大区域之郡，或能知其梗概，而小区域之县，自不易辨别，至沿革历史，更不易考核。故中国讲地理之书，关于天然者，如《水经注》《水道提纲》等，关于人为者，如《方舆纪要》《乾隆府厅州县志》等，皆所以备检查之用。吾人欲讲地理，必以现在为本，而历考其为古之某地，则上文所举之书，皆当寓目。

张冥飞曰：地理不得为专门之学，固也。然历史、政治、军事、风俗、物产，无一不与地理有关。昔人讥研究地理学者曰："闭门而著书，出门而问道。"此揶揄过当之词，非所以策励学人遇事必求知其所以然之志也。天然之山川，古今变迁者亦有之。有如黄河入海，故道在直隶，今则由山东入海。又汴、洛瀍河之区，自古河徙之变更，亦不一而足，若穷究往事，于治河不为无益矣。人为之郡国，历代尤变置不常。茫无所知，即论人论世，

---

① "（三）"，原作"（丙）"，据前后章节编次改。

都无是处。

《水经注》。《水经》，据杜佑《通典》曰："不知何代之书。"而马端临《文献通考》曰："汉桑钦撰。"《唐志》注曰："或云郭璞撰。"皆属传疑，无可征信。《四库全书提要》曰："推寻字句，大抵三国时人作。"《通典》曰："《水经》，晋郭璞注三卷。"今不传，今传者后魏郦道元注四十卷。按：《水经注》讹谬处亦不少，《日知录》《养新录》均有指摘。又，后人作《杭州府志》，引《水经注》语，谓古来西湖与钱塘江通，毛奇龄作《三诘三误辨》以驳之，又可见吾人读书，不可尽信古人也。

《水道提纲》二十八卷，清齐召南撰。以郦道元《水经注》详北而略南，黄宗羲《今水经》又知南而不知北，乃作此书。以巨川为纲，而以所汇众流为目。

《读史方舆纪要》，清顾祖禹撰。

《乾隆府厅州县志》，清洪亮吉撰。

唐代之《元和郡县志》，考究不甚分明，曾不如后来者之明白，然此犹属官书中之可信而不讹者。又李申耆之五种，古代亦有是类之书，但较简耳。

《元和郡县志》，唐李吉甫撰。原书四十卷，有四十七图，多所散佚。宋人重编，补注其阙。古舆记之存于今者，此为最古。

李申耆，名兆洛，清时人。所著五种，曰《历代地理志韵编今释》二十卷，曰《皇朝舆地韵编》二卷，曰《历代地理沿革图》一卷，曰《皇朝一统舆图》一卷，曰《历代纪元编》三卷。

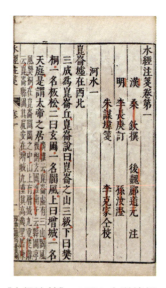

《水经注笺》,(明)朱谋㙔撰,
明万历四十三年刻本

《水道提纲》,(清)齐召南撰,
清乾隆四十一年传经书屋刻本

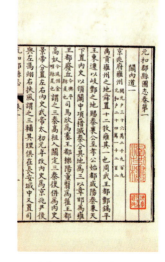

《元和郡县图志》,(唐)李吉甫纂修,清初抄本

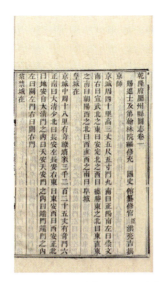

《乾隆府厅州县图志》，（清）洪亮吉撰，清乾隆五十三年至嘉庆八年

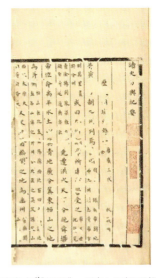

《读史方舆纪要》，（清）顾祖禹撰，稿本

《十驾斋养新录》，（清）钱大昕撰，清嘉庆九年刻本

要之，古文多与地理有关。不明地理，则当时之形势茫然，读者之趣味索然矣。周至汉，地理尚易查考，最难者为南北朝，而尤以北朝为复杂。彼时南北互迁，有所谓"侨置"者，北人南居，往往题为某州某郡某县，有"青州""兖州"等名目，实在今之镇江地方，若误为山东之青、兖，则大谬矣。

> 侨置者，以彼处之地名，移置于此处也。六朝南北分裂，立侨置诸州名目以自夸大，如谓会稽为"东扬州"、京口为"南徐州"之类。

元代地理，扩大及于塞外。《元史译文证补》一书，讲地理尚佳，以其博证海外故也。

> 《元史译文证补》，清洪钧撰。洪出使俄国时，得阿剌伯文拉施特所撰《蒙古全史》，乃以多桑之英文、贝勒津之俄文及其他各本，参互考译而为此书，借以证《元史》之误而补其阙。属稿未毕而洪卒，故书尚多阙佚，而已卒业之《地理志》等，则详赡可备参考。

《元史译文证补》，（清）洪钧撰，清光绪二十六年广雅书局刻本

著述家不明地理，最易错误。如《水经注》于北方之地理尚明，而南方之地理则多不合。又如郑樵，闽人也，所作《通志》，讲地理处，极为

粗率。盖中国之大，地名多有相同，设误甲地为乙地，可笑甚矣。又有古名某地，而后世不称，后世所名某地，而实与古同名之地相去甚远者。如诸葛亮《出师表》："五月渡泸，深入不毛。"此泸水即今之金沙江。有人以为四川泸州，则大误。今之泸州，乃唐代所设，前临大江，然非不毛之地，且去金沙江千有余里。读者非博为稽考，不易知也。此外如典章制度，亦须明白。特各有专书，搜讨较易，故不及之。

《水经注》："若水东北至朱提（音殊时）县西，为泸江水。""朱提"在今四川宜宾县西南，"泸水"即今大江。《寰宇记》曰："汶江，入泸川县，又名泸江是也。"《方舆纪要》："泸水，其源名若水，下流曰泸水，入金沙江。"盖金沙江之上流为泸水也，若水即今之鸦龙江。

（四）①知古今人情变迁

社会变迁，人情随之不同，由于风俗、习惯、物质之有变化故也。理学先生认定"天不变，道亦不变"，实不尽然；新学家斥旧道德为野蛮，亦属非是。盖伦理道德不变，而社会道德实变。政体不同，则风俗不同；风俗不同，则道德亦随之不同。例如封建时代近贵族制，而郡县时代则近平民制矣。譬如《大学》有"治其国者，必先其家"之语，然如唐太宗杀兄通弟媳而贞观称治，则又何说？此殆封建时代，"家""国"无甚分明，所谓"家"者，乃"千乘之家""百乘之家"之类，故不"齐家"者即不能"治国"，犹不能治一县者必不能治一府也。郡县时代，则"家"与"国"大异，故唐太宗家政虽乱而偏能治国。

---

① "（四）"，原作"（丁）"，据前后章节编次改。

　　张冥飞曰：上古游牧时代，人口稀少，天然物产，足以给众人之求，所谓"饥则求食，饱则弃余"，其人与鸟兽无别。继而人类生产渐多，养生之资，不能专恃天然物产，渐注重人为之力，所谓"日出而作，日入而息"，其人已知"自食其力"之义矣。继而人类生产愈多，其中遂有枭桀与奸黠者，不愿自食其力，而专欲瘠人以肥己，而争夺以起，人类相处之间，遂极感不平。遂有枭桀、奸黠之尤，特纤远其瘠人肥己之智计，倡言为众人禁戢其争夺，而平其不平，而酋长之制以起。酋长之为物，则无非收集一般之枭桀、奸黠者为爪牙，一变其争夺行为，而使良懦者予以充分之献纳供给，而其瘠人肥己则一也。但个人之争夺行为，既进而为一团体之朘削行为，而团体与团体之吞并遂不能免，前此之个人斗殴遂成为团体战争，而强凌弱、众暴寡，益发明无复余义。于是一般酋长之头脑，将造成一种强众之势力，则多妻以求繁殖其子姓，则封建以求巩固其一姓之尊荣。此封建时代之帝王，所由酋长心理以进步之制度是也。然而人类之相处，不得不以伦理道德为范围。彼由酋长进化而成之帝王，虽封建其子姓以宰制天下，而各国之君又建置其子姓为世禄之卿大夫以宰制齐民，而势力之为用，总有时而穷，即不得不求之于政教。既言政教，即不得不以伦理道德范围群众之人心。故封建时代之贵族制，虽为一姓策长久之富贵，而伦理道德，总之不敢抹杀。所以春秋时代之弑父弑君，怙其势力，敢于为恶，而终不免于清议之诛，不无些少之忌惮。至于嬴秦易封建为郡县，彼盖鉴于春秋战国时代，王室无统驭诸侯之能力，绝非为平民着想。但世禄之制既除，即平民皆有作官之机会，为皇帝者正可利用此点，以招收当时枭桀、奸黠之徒，各予以一官，以遂其搏噬之性，而免其专与皇室为难。自秦以来，凡所设官，无非此物此志。一时枭桀、奸黠之徒，既不得不拥护皇室以求作官，其个人在民间之作恶，显而易见者，一变而为隐而难见之官场作恶。此即数千年来，人民惨遭压迫之所以然也。而此之不平，其所以不易发泄者，则以叔孙通一流之龌龊小人，附会伦理道德，以增加一般人对帝王之敬仰。有如君臣之义，与朋友本相隔无多，质言之，即雇人与受雇人之关系而已。而乃曰："人父生而君食之，其义一也。"例君于父，而君之为物，遂与父同其亲而不可离。而又曰："君，天也。天可违乎？"例君于天，而君之为物，遂与天同其尊而不可测。此其造作比例，牵强附会，与人生自然的伦理道德之本义截然无关。故执此以谓伦理道德有变更，其实不然也。若夫社会道德，又无不由伦理道德而推之。伦理道德，始于夫妇，成

《文心雕龙》，（梁） 刘勰撰，敦煌唐写本

于朋友；而社会道德，属于朋友之义信而类推者为多。故伦理道德之本义既明，即社会道德之不可变更亦见。故必谓社会道德有所变更，实非确论。盖人类相处，由亲亲之杀而言，伦理道德，即是社会道德，所以对于亲者如此，即所以对于疏者之标准也。至唐太宗弑兄通弟媳，仍是仗势力蔑伦理之行为，其治国之成绩尚佳，则所谓威重令行，而其本人对百姓之所求，并不属于弑兄通弟媳之所为者之内。古今帝王，逆取顺守，类此者多，不得以其人治国有方，而疑社会道德之因之而变也。

又有现在以为善者，古时以为不善。封建时代，以保家为第一义。晁错忠于汉室而诛三族，故《汉书》反责其不善，即太史公亦同此眼光。盖贵族之风如此，不保国与不保家，一例也。汉虽非贵族制，然余风未靡。贵族制几如土司，帝王之家人，亦与帝王同视，在位者不能任事时，其伯叔父兄可以代摄。如周公辅成王时，竟自称王，即其例也。又古俗父死奔丧，自汉末至唐，虽期服亦丁忧，甚至有妹死、妻死，亦去职奔丧者，后渐减轻，至明则仅父死奔丧矣。

张冥飞曰：服制为纪念死者而作，其所以有差等者，不许贤者有所过，亦不许不肖者有所不及也。古圣人制礼，一言以蔽之，曰："因人心以为之节文。"节者，节其过；文者，文其不及也。至奔丧，古来为游学者立制；丁忧，后世为服官者立制，不使天性凉薄者有所恋，而忽视其所亲之死故也。汉唐时代，丁忧、奔丧，期服亦适用之，所以从其厚也。今人有倡短丧之议者，以为有妨生事，不知古来居丧不工作，仅限于未葬期内。以士三月而葬、庶人逾月而葬之制言，则何妨害生事之有？

（五）①辨文学应用

文章源流，言之甚长，今日姑置。文体亦极纷繁，容俟别论。《文心雕龙》一书，乃专讲文体者。

> 《文心雕龙》，梁刘勰撰。勰字彦和，唐以来讲词章者宗之。

自来骈体、散文之争，各执一理，百世而不能决。韩、柳主散文，宋儒因之，攻骈体甚烈。至清阮元，又力倡骈体而诋散文，以谓《易经》之《文言》及《系辞》都是骈文。其实皆可不必。文章之妙，不过应用得宜，骈文可也，散文亦可也。如叙复杂之事，必须列举纲目，此即骈体；叙事简质，则须用散体。但骈体亦非绝对用四六句，只用对偶句法，均属骈体。唐、宋间判案亦作四六，曾有《龙筋凤髓判》一书，专载此类文字，实为无谓。

《文心雕龙》，（梁）刘勰撰，（明）杨慎、曹学佺等批点，（明）梅庆生音注，明万历闵绳初刻五色套印本

> 《龙筋凤髓判》，唐张鷟撰。唐时公文程式，可见一斑。
>
> 张冥飞曰：骈俪之文，以六朝为最盛，自是古今文学一大变迁关键。然其好尚之所由起，大抵周秦诸子百家之言，至汉代流于谶纬，甚不雅驯，而又以艰深文其浅陋，修辞之功，堕失殆尽。而骈俪之文，于说理序事，或嫌繁缛，而修辞则极致也。末

---

① "（五）"，原作"（戊）"，据前后章节编次改。

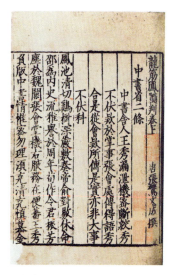

《龙筋凤髓判》，（唐）张鷟撰，明弘治十七年沈津刻本

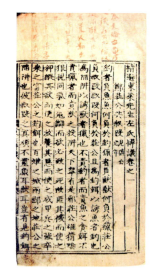

《精选东莱先生左氏博议》，（宋）吕祖谦撰，明前期刻本

《永嘉先生八面锋》，（宋）陈傅良撰，清嘉庆十八年湖海楼刻本

流之弊，藻饰太甚则失真，雕琢太过则伤气。文学之衰，亦由于此。故韩昌黎力追周、秦以救之，所谓"文起八代之衰"，非谀语也。至宋代三苏文字出，学者每逞词锋以夺理，或则支离恍惚其词，浮夸而不实，泛滥而无所归。如吕东莱之《左氏博议》，永嘉先生之《八面锋》等，即所以导时文滥调之先也。而文心之细者粗，文律之密者疏，肤浅廓落，敷布盈纸，文之衰，则又甚于六朝末季矣。元人词曲之作，又属小品文字，因当时蛮夷猾夏，忌讳孔多，学人目击时艰，不敢昌言，则托之俳优语，以致其笑骂之意。其用心苦，而文品实不高。及于有明，以时文取士，而文学直承南宋之弊，故以周、秦文鸣者寥寥无几。即以六朝文称者，亦不少概见也。迨及于清，耻食清禄者，无不潜心著述，文学乃渐以昌明，骈、散两体之文均臻极盛。学者苟能潜心探索，自能得骈、散并用不悖之所以然，而不敢有所轩轾矣。

文本有无韵与有韵二种，大抵有韵者为诗，无韵者为文。《尚书》曰"诗言志，歌永言，声依永，律和声"云云，可见诗必有韵，方能传达情绪。若无韵亦能传达情绪，则亦不必称之为诗。譬如日本和尚吃肉娶妻，可称之为居士，不必称之为和尚。今之好为无韵新诗者，亦是吃肉娶妻之和尚类也。

　　张冥飞曰：古之为诗，无不取其能歌，歌则必取其谐于音律。因天籁自然之音节不可多得，而人籁之发，不有律以节其音，即使人不可听也。故琴、箫莫不有谱，即东西洋种种乐器，亦莫不有谱。谱即所以节其音而谐于律，使人听之不有厌恶之感者也。今使人鼓琴吹箫，而声音随意乱发，与牧童无腔之短笛同，又使奏披霞娜、凡喔林，而增减长短其声音，与初学胡琴之咿哑者同，其刺耳为何若？作诗而违反音律之原理，又何必作？且诗者，所以发挥个人美感，将以引起他人美感者也，则必先使人愿看而愿诵之。乃今之所谓新诗，看之辄戟于目，诵之复戟于口，尚何引起美感之足云，则又何必硬冒此诗之名，与日本和尚之娶妻者，同其奇特哉！

第四日讲学记

今讲国学之派别，更可分为三端：（甲）经学之派别，（乙）哲学之派别，（丙）文学之派别。国学有不必讲派别者，如史学是。有零碎之学问，不能列举派别者，姑置不论，而论有派别之国学。盖研国学而不明其派别，有望洋兴叹无所适从之恨。经学二字，前既言之，无特殊意味。盖经本史耳，史与经无甚区别。吾人所共知之六经，如《尚书》《春秋》，为纪事书，即历史也；《诗》似与纪事无关，然其中为国事而作者不少，《国风》略少，《大雅》《小雅》俱属国事，则亦史矣；《乐》，制度之书也，已失传；《礼》，则《周礼》为古之官制，《仪礼》为古之仪注，凡官制等，今传入史部；惟《易》稍异，《易》讲道而涉及高深，似与史无关，然太史公曰："《易》本隐以之显，《春秋》推见以至隐。"盖《春秋》谈成败利钝，其序述事实，固矣；《易》则以无形之道暗指事实，故《易》实一种社会学之书，专以推知何事者。

张冥飞曰："六经皆史"之说，清儒发明者多，而《易》之为史，则人多有疑意。或乃取后世史书所列《五行志》，以附会而为比例，误矣。中国极深研幾之学，往往取高远而略凡近，而所独见之高者、远者，又往往前民而为用。孔子曰："民可使由之，不可使知之。"即指高远者而言之也。有如政教之普及者，民由之亦无不知之。而由人合天之工夫，由圣人发明之，可以使民由之，而不能使民与知之，民之智不足以知之故也。《易》以至诚之道，由人事以合乎天，其所前知，有关乎人生日用之必需者，则必预为之备，并以其可以共知者示人。故《易》之为道，诚高远而不可极，而其为用，而愚夫愚妇之所能共勉也。故《系词》《文言》《说卦》皆从人事勉励一般人之自修者，此于政教之外，又示人以自勉之途。故伏羲十言之教，为乾、坤、震、巽、坎、离、艮、兑、消、息，消退息进，而天、地、雷、风、水、火、山、泽与人所以相生相长之道存焉，初无所谓神秘也。吾今别举一比例。古者药石，由司岁者备物，六气之孰为司天，孰为在泉，司岁者可以预知本年某种疾病多，即多采集某种药石以备用。疾病虽有变迁，而亦不离乎五方殊气之差忒，仍可计数而知之，故民无夭札。今人不解六气司天、在泉之理，以为神秘。此自是今人之鄙陋，不足与知疾病之所由起，宜其不知疾病之所由去矣。庸医杀人，与一孔之儒为学，其罪可胜僇哉。

世界之变迁，原有一定。本学问而讲，则学问为凡事之精华。理之不可通者征之于数，数之不可解者衡之于理，则所以推勘者可以入微。《易》之为道，所以究天人之极者，无非理、数二字而已。近代视《易》为宗教书之流亚，然周末无此风气，此风气实起于汉，汉有古文家、今文家之别，此二者即派别之所由生也。

张冥飞曰：古今说《易》之书，可分为说理、说数二大别。汉儒诸书多偏于说数，宋儒诸书多偏于说理。大抵说数者穷天命而应以人事，说理者尽人事以俟乎天命。一为知之事，一为行之事。知之事，非中智以上不能竟其功；行之事，即中智以下可以勉为力。故说理者终较说数者为长，然亦不得谓说数者之羌无故实也。吾人于所不能知者而阙其疑，斯可矣。

孔子说《易》，一本人事，如《系词》之文曰："'鸣鹤在阴，其子和之。我有好爵，吾与尔靡之。'子曰：'君子居其室，出其言善，则千里之外应之，况其迩者乎？居其室，出其言不善，则千里之外违之，况其迩者乎？言出乎身，加乎民；行发乎迩，见乎远。言行，君子之枢机，枢机

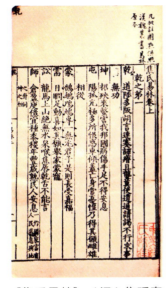

《焦氏易林》，（汉）焦延寿撰，明嘉靖四年姜恩刻本

之发，荣辱之主也。言行，君子之所以动天地也，可不慎乎？'"此可与《孝经》言"卿大夫之孝"互相发明，即君子所以"达则兼善天下"之道也。又曰："'同人，先号咷而后笑。'子曰：'君子之道，或出或处，或默或语。二人同心，其利断金；同心之言，其臭如兰。'"此言君子之取友也。又曰："'初六，藉用白茅，无咎。'子曰：'苟错诸地而可矣，藉之用茅，何咎之有？慎之至也。夫茅之为物薄，而用可重也。慎斯术也以往，其无所失矣。'"此言君子之处事也。又曰："'劳谦，君子有终，吉。'子曰：'劳而不伐，有功而不德，厚之至也。语以其功下人者也。德言盛，礼言恭。谦也者，致恭以存其位者也。'"此"满而不溢""高而不危"之旨，君子之所以处功名之际也。又曰："'不

出户庭，无咎。'子曰：'乱之所生也，则言语以为阶。君不密则失臣，臣不密则失身，幾事不密则害成，是以君子慎密而不出也。'"此言君子之所以济艰危也。又曰："子曰：'小人不耻不仁，不畏不义，不见利不劝，不威不惩。小惩而大诚，此小人之福也。'《易》曰：'履校灭趾，无咎。'此之谓也。"此言小人有可以向善之幾也。又曰："善不积，不足以成名；恶不积，不足以灭身。小人以小善为无益而弗为也，以小恶为无伤而弗去也，故恶积而不可掩，罪大而不可解。《易》曰：'何校灭耳，凶。'"此言立身者于善恶之辨不可不严也。又曰："子曰：'危者，安其位者也；亡者，保其存者也；乱者，有其治者也。是故君子安而不忘危，存而不忘亡，治而不忘乱，是以身安而国家可保也。'《易》曰：'其亡其亡，系于苞桑。'"此言处事之无往而不慎也。又曰："子曰：'知幾其神乎？君子上交不谄，下交不渎，其知幾乎？幾者，动之微，吉之先见者也。君子见幾而作，不俟终日。《易》曰："介于石，不终日，贞吉。"介如石焉，宁用终日？断可识矣。君子知微知彰，知柔知刚，万夫之望。'"如此，而君子立身之道全矣。

六经自遭秦火，已不完全，后有传经者出，渐渐推传，其流遂广。约计之，《易》有田何，而传之施、孟、梁丘、京（即孟之后也），共四家。

《文献通考》："汉初，传《易》者有田何，何授丁宽，宽授田王孙，王孙授沛人施雠、东海孟喜、琅邪梁丘贺，由是有施、孟、梁丘之学。又有东郡京房，自云受《易》于梁国焦延寿，别为京氏学。后汉施、孟、梁丘、京氏，凡四家并立，传者甚众。"

《书》有伏生，而传之欧阳、大夏侯、小夏侯，共三家。

《隋经籍志》："伏生口传二十八篇，以授张生，张生授欧阳生，欧阳生授兒宽，宽转授欧阳生之子，至曾孙欧阳高，作《尚书章句》，为欧阳氏学。又有夏侯都尉，受业于张生，以授族子始昌，始昌传族子胜，为大夏侯之学。胜传兄子建，别为小夏侯之学。"

《诗》有申公之《鲁诗》，辕固之《齐诗》，韩婴之《韩诗》，共三家。

汉说《诗》者四家：《鲁诗》始申培，盛于韦贤；《齐诗》始辕固，盛于匡衡；《韩诗》始韩婴，盛于王吉，三家皆立学官；自鲁国毛亨（大毛公）作《诂训传》，授赵国毛苌（小毛公），故曰《毛诗》。今言三家者，就东汉十四博士而言之也。

《礼》有《仪礼》，由高堂生传之大戴、小戴。

汉初，高堂生传《士礼》十七篇，即今之《仪礼》也。宣帝时，后苍最明其业，为《曲台记》。苍授戴德（大戴）、戴圣（小戴）与庆普，三家并立。汉末，郑康成传小戴之学为注，贾逵疏之，至朱子成《通解》，黄榦续丧、祭，其书益明。

《春秋公羊》，由胡毋生，而董仲舒，而严氏、颜氏。东汉所定十四博士如此。

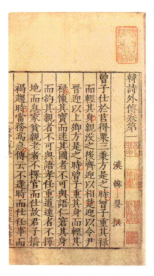

《韩诗外传》，（汉）韩婴撰，明嘉靖
十八年薛来芙蓉泉书屋刻本

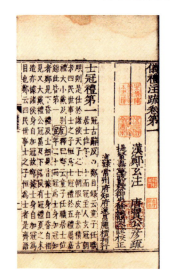

《仪礼》，（汉）郑玄注，（唐）贾
公彦疏，（明）闻人诠校正，明
嘉靖应槚刻本

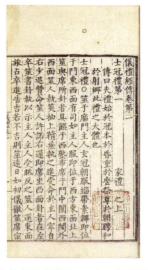

《仪礼经传通解》，（宋）朱熹撰，
明正德十六年刘瑞、曹山刻本

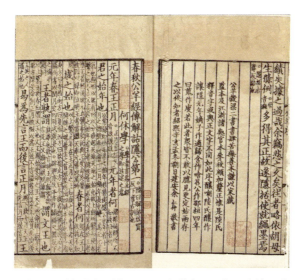

《春秋公羊经传解诂》,（汉）何休撰,（唐）陆德明音义,宋绍熙二年余仁仲万卷堂刻本

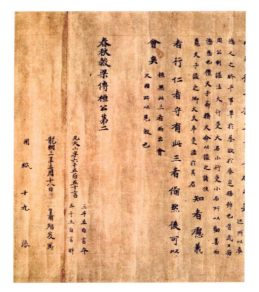

《春秋穀梁传》,（晋）范宁集解,唐龙朔三年写本

陆氏《释文序录》曰："汉兴，齐人胡毋生、赵人董仲舒并治《公羊春秋》，兰陵褚大、东平赢公、广川段仲温、吕步舒皆仲舒弟子。赢公守学，不失师法，授东海孟卿及鲁人眭孟，眭孟授严彭祖及颜安乐，由是《公羊》有严、颜之学。彭祖授琅邪王中，中授同郡公孙文及东门云。安乐授淮阳泠丰及淄川任翁①，丰授大司徒马宫及琅邪左咸。始贡禹事赢公而成于眭孟，以授颍川棠谿惠，惠授泰山冥都，又疏广事孟卿，以授琅邪筦路。筦路及冥都又事颜安乐。路授大司农孙宝。瑕丘江公受《谷梁春秋》及《诗》于鲁申公，武帝时为博士，使与董仲舒论，江公呐于口，而丞相公孙弘本为《公羊》学，比辑其义，卒用董生。于是上因尊公羊学。"

考子夏传《春秋》于公羊高，高传其子平，平传其子地，地传其子敢，敢传其子寿。至汉景帝时，寿与弟子胡毋子都著以竹帛（以先皆口授）。其后传董仲舒，以《公羊》显于朝。又四传至何休，为《经传集诂》，书遂大传。汉代《公羊》最先立于学官，《谷梁》次之，《左氏》最后。瑕丘江公在汉武帝时为博士，因与董仲舒论不胜，《公羊》遂独盛。上诏太子受《公羊》学，而卫太子复私问《谷梁》而善之。其后浸微，惟鲁荣广、皓星公二人受焉。广尽能传其《诗》《春秋》。蔡千秋、梁周庆、丁姓皆从广受。千秋又事皓星公，为学最笃。及宣宗闻卫太子好《谷梁》，乃诏千秋与公羊家并说②。上善《谷梁》说，后又选郎十人，从千秋受。会千秋死，征江公孙为博士，诏刘向受《谷梁》，

---

① "泠"，原误作"冷"，据《经典释文·序录》改。
② "诏"，原误作"召"，据《经典释文·序录》改。

欲令助之。江博士复死，乃征周庆、丁姓待诏，使卒授十人①，十余岁，皆明习。乃召五经名儒太子太傅萧望之等大议殿中，平《公羊》《穀梁》同异。望之等多从《穀梁》②，《穀梁》由是大盛。

《书》则大、小夏侯，好为《洪范》五行等说。

　　《洪范》蔡《传》："《汉志》曰：'禹治洪水，锡《洛书》，法而陈之，《洪范》是也。'《史记》：'武王克殷，访问箕子以天道，箕子以《洪范》陈之。'案：篇内曰'而'、曰'汝'者，箕子告武王之词。意《洪范》发之于禹，箕子推衍增益以成篇欤？"王氏柏谓："此书王者继天立极之大典也，其纲目为最明，其义理为最密，③其功用所关为最广，其归宿枢机为最精。"陈氏师凯亦谓《洪范》"上稽天文，下察地理，中参人物古今之变，穷义理之精微，④究兴亡之征兆，显微阐幽，彝伦所叙⑤，秩然有天地万物各得其所之妙"。王氏樵则以为："'人心惟危'四语，圣学传心之妙，⑥而未及政事之详。'水火金木土穀惟修'数语，善政养民之要，而未及心源事目之备。惟《洪范》一篇，性命政事、大纲细目，兼赅详备，信乎唐虞以来授受之微言也。"右数说持

---

　　①　"授"，原误作"受"，据《经典释文·序录》改。
　　②　"从"，原误作"助"，据《经典释文·序录》改。
　　③　"理"，原误作"类"，据王柏《书疑》改。
　　④　"穷"，原误作"宏"；"理"，原误作"礼"，均据陈师凯《书蔡传旁通》改。
　　⑤　"所"，原误作"攸"，据陈师凯《书蔡传旁通》改。
　　⑥　"妙"，原误作"要"，据王樵《尚书日记》改。

论俱精，合朱子所言"《洪范》一篇，都归从皇极上去"云云观之①，此篇之旨，可以得其概矣。

薛敬轩论《洪范》曰："造化、气数、天理、人事皆具，《书》之《易》也。"

据以上诸说以观，《洪范》一书，皆尽人合天之义，与《周易》同，非凿空腾说、不属之渺茫即属之妖妄者可比。盖天道远，人事迩，人事苟无大中至正之归，即天道之盈虚消息，为绝不可恃。汉代谶纬之说最盛，往往援儒入墨，举六经以证其占候妖祥之说，遂致高谈天道，忽略人事，此巫蛊、封禅等事之所以兴也。《周易》一书，既由焦氏、京氏，完全属之卜筮，而《洪范》一篇，亦以其中有"五行"字样，大启妖妄之说。叶石林曰："伏生《大传》，流为刘向《五行传》、夏侯氏灾异之说，失孔子本意益远。"因"锡禹洪范九畴"一语，遂谓畴数与《洛书》合，以五行、五事分配，甚至以八政、五纪、三德、稽疑、福极牵强补凑（朱子亦有此说），则刘向父子之学，不免于凿矣。据此，已可知五行妖妄之说之厚诬《洪范》。至宋以来，说《洪范》诸书，若胡瑗之《洪范口义》②，发明"天人合一"之旨归，其要于建中出治，定皇极为九畴之本，胜于刘向诸人借圣经而演禨祥。又赵善湘之《洪范统一》，其说以皇极为九畴之统，大旨根据欧阳修《唐书·五行志》、苏洵《洪范图论》，说理总不胜说数。又黄道周之《洪范明义》，则推说灾祥，而意存启沃，是别

---

① "归"，原脱漏，据黎靖德编《朱子语类·尚书二·洪范》补。
② "《洪范口义》"，原误作"《洪范正义》"。

有用心，宜其不尽合于经义。至有清胡渭之《洪范正论》，大旨以禹之治水本于九畴，《洪范》为体，《禹贡》为用（此说究不免附会），然务明"奉若天道"之理，与郑樵"《禹贡》《洪范》表里"之说，立义迥殊。其辨正先儒之病，一曰附会谶纬，二曰伪造《洛书》，三曰妄移错简，可使先儒俯首无词，则确为剖析历代聚讼之折衷论也。

总之，经之原本，罕有谈神怪宗教事者，惟汉末虞翻之《易》，于卜筮之说最盛。

　　张冥飞曰：汉代说《易》，专以数言者，即以卜筮、占候而言及神怪。其实《系词》只有"游魂为变"四字而已，若"载鬼一车"之语，并不多见，且属于比拟之词，非谈神怪也。又若《左氏传》所述卜筮之繇词，类皆故神其说。《左氏》之失诬，范宁已前言之。古繇词至汉已不传，其仿而作者，为焦延寿（字赣）之《易林》，纯乎术技占验。京房（字君明，本姓李）师焦氏，更多发明，其占候书有世应、飞伏、六位、十甲、五星、四气、六亲、九族、福德、刑杀之说，而纳甲、纳音之说，亦于是乎始见。或谓京氏以《易》说灾异，较其他之以灾异说《易》者不同。总之，不离乎阴阳历数之书，非能达圣人忧患作《易》之本恉者也。（汉有两京房，皆以《易》学显，一受《易》于田何，一即君明。）至虞翻注《易》，其言卜筮，主卦气用事，盖取纬书之说而消息之，与焦氏、京氏稍异，而源均出于孟喜。后世朱熹注《参同契》，多取其说以相附会。至清代端木国瑚作《周易指》，亦是附会其词而增益之，全书佶屈聱牙，盖以艰深文其浅陋者。

《齐诗》好言不经之怪，汉末翼奉附会五行、十干、十二支之说，近于宗教。大、小戴亦多语怪。董仲舒之《春秋繁露》及何休注《公羊》，均有妖妄之说。如"《春秋》为汉制法"一语，似孔子已知将有汉者，可异甚矣。

　　《齐诗》盛于匡衡，当时人语云："无说《诗》，匡鼎来；匡说《诗》，解人颐。"此可知其辩言无碍。而穿凿附会，以助词锋，为必不能免者也。且其时谶纬之说盛行，《含神雾》《汜历枢》《推度灾》等篇，荒诞之说，今尚有传者。《齐诗》至魏而亡（据《隋书·经籍志》），后氏、孙氏之传注亦都散佚（其名见《通志》），惟《藏书志》载有"《齐诗》六卷"之目，疑后人依托为之，非匡衡、翼奉之旧矣。翼奉，字少君，下邳人，治《齐诗》，与萧望之、匡衡同师。

谶纬之书，俱近宗教。谶为预言，今鲜存者。纬则五经皆有，《易纬》仅如《月令》之类，《诗纬》《书纬》《春秋纬》讲鬼甚多，其荒诞不经，恐视耶稣《创世记》为尤甚。此风起源于西汉末，系今文家所捏造者。若古文家，则《易》为费氏，《书》为孔氏，《诗》为毛氏，《礼》为桓氏①，春秋为左氏。

　　汉初，东莱费直传《易》。其本皆古字，曰《古文易》。以授琅邪王璜，璜授沛人高相，相以授子康及兰陵毋将永，是曰费氏之学。以《彖》《象》《文言》杂入卦中。东汉荀、刘、马、郑皆传其学，王弼最后，亦本费氏。宋吕祖谦曰："费氏《易》

———————

① "桓氏"，原误作"桓礼"，据《汉书·儒林传》改。

在汉诸家中最近古，最见排摈。而千载之后，岿然独存①，岂非天哉！"

《汉书·艺文志》：《尚书》古文经四十六卷，《孝经》古孔氏一篇，皆出孔氏壁中；又有中古文《易经》，又《礼》古经五十六卷，《春秋》古经十二篇，《论语》古二十一篇②，但言"古"，不言"文"。而赤眉之乱，则已焚烧无遗。后汉杜林于西州得漆书《古文尚书》一卷③，常宝爱之，以示卫宏、徐巡，宏、巡深重之，古文遂行。是东京古文之传，惟《尚书》而已。魏初，传古文者出于邯郸淳。正始中，立三字石经，转失淳法，因科斗之名，遂效其形，未知所立几经。唐初，魏徵等作《隋书·经籍志》，但有三字石经《尚书》五卷、《春秋》三卷，则他经亦不存矣。唐明皇天宝三载诏："《尚书》古体文字，并依今体缮写施行，其旧本仍藏书府。"是天宝所改，亦止于《古文尚书》，而不闻有他经也。夫诸经古文，亡已久矣。今谓皆有古文，而天宝改之，岂其然乎？

《周礼》只有古文，出于山岩屋壁，战国时人多未之见。荀卿见之，孟子即未见，故曰："周室班爵禄之制④，其详不可得而闻。"又《周官》三百六十者，非三百六十员，而三百六十官名也。就当时之府史胥徒计之，盖有五万数千官焉。

《通志·艺文略》："汉曰《周官》，江左曰《周官礼》，唐曰

---

① "岿"，原误作"巍"，据吕祖谦《古周易》改。
② "古"，原误作"古经"，据《汉书·艺文志》改。
③ "西州"，原误作"西川"，据《后汉书·杜林传》改。
④ "爵禄"，原误作"禄爵"，据《孟子·万章下》改。

《春秋繁露》，（汉）董仲舒撰，宋嘉定四年江右计台刻本

《周礼》，推本而言，《周官》则是①。"《隋书·经籍志》："汉时有李氏得《周官》。盖周公所制官政之法，上于河间献王，独阙《冬官》一篇。献王购以千金，不得，遂取《考工记》，合成六篇奏之。"是为《周官》行世之始。

贾公彦曰："《周官》，汉孝武之时始出。成帝时刘向子歆校理秘书，始著于《录》《略》。"

王伯厚《困学纪闻》："《周礼》，刘向未校之前有古文，校后为今文。古今不同。郑据今文注，故云'故书'。"

又《论语》《孝经》，古人不以为经，《尔雅》乃训诂书，其与《诗》、《书》、《易》、三《礼》、《春秋》三传并列为十三经，始于宋时也。

---

① "则"，原误作"者"，据《通志·艺文略》改。

《周礼》,(汉)郑玄注,宋婺州市门
巷唐宅刻本

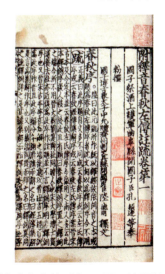

《春秋左传注疏》,(晋)杜预注,
(唐)孔颖达疏,(唐)陆德明释文,
元刻明修本

《礼记》,(汉)郑玄注,(唐)陆德
明释文,宋余仁仲万卷堂家塾刻本

唐贞观中，孔颖达为《义疏》，请以王弼《易》、孔安国《书》、《毛诗》、三《礼》、三《传》、《论语》、《尔雅》、《孟子》、《孝经》颁天下，为十三经。

《读书记》①："自汉以来，儒者但言'五经'。而唐时立之学官则云'九经'者，《三礼》《三传》分而习之，故为九也。其刻石国子，则云'九经并《孝经》《论语》《尔雅》'。宋时程、朱诸大儒出，始取《礼记》中之《大学》《中庸》，及进《孟子》以配《论语》，谓之'四书'。而'十三经'之名以立。"

① "《读书记》"，当作"《日知录》"。

第五日讲学记

（甲）①经学之派别

经学至三国时，经王肃之提倡，当时人渐信仰古文，及晋而渐盛，几无复信今文矣。

> 王肃，王朗子，魏东海人。善贾逵、马融之学，而不好郑氏，采会异同，为《尚书》《诗》《论语》《礼》《左氏传》诸解，又撰其父朗所作之《易传》②，皆列学官。《孔子家语》亦其伪托。

如讲《易》从费氏，其实费氏无学说，仅传其书。故后之倡学说者，仍各主一说，以相争论。

> 东莱费直传《易》，无师授，其本皆古字，号曰"古文《易》"，专以《象》《象》《文言》等参卦。凡以《象》《象》《文言》杂入卦中者，自费氏始。费以授琅邪王璜，璜授沛人高相，相以授子康及兰陵毋将永，是为费氏之学。范晔《后汉书》云，京兆陈元、扶风马融、河南郑众、北海郑玄、颍川荀爽并传费氏《易》。沛人高相治《易》，与费直同时，其《易》专说阴阳灾异，

---

① "（甲）"，原作"（一）"，据前后章节编次改。
② "《易传》"，原误作"《易解》"，据《三国志·王朗传》改。

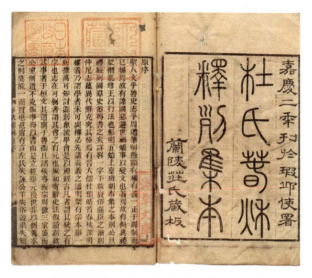

《春秋释例》，（晋）杜预，清嘉庆二年刻本

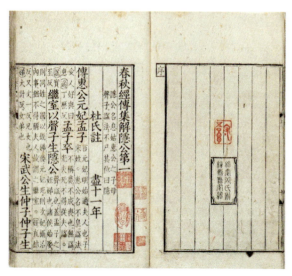

《春秋经传集解》三十卷，（晋）杜预注，（唐）陆德明释文，元代相台岳氏荆溪家塾刻本

自言出丁将军。传至相，相授子康及兰陵毋将永，为高氏学。汉初立《易》杨氏博士，宣帝复立施、孟、梁丘之《易》，元帝又立京氏《易》。费、高二家不得立，民间传之。后汉费氏兴，而高氏遂微。

郑康成与王弼，说《易》意见相左。

郑笺《毛诗》，而鲁、齐、韩三家废。

晋王弼，字嗣辅，山阳人。

《左传》，汉时有几家著作，如服虔、杜预亦门户各分。汉时之讲《左传》者，每引《公羊》以为证，以致抵触极多。晋杜预著《春秋释例》以驳之。

陆德明《经典释文·序录》曰："左丘明作《传》，以授曾申，申传卫人吴起，起传其子期，期传楚人铎椒，椒传赵人虞卿，卿传同郡荀况，况传武威张苍，苍传洛阳贾谊，谊传至其孙嘉，嘉传赵人贯公，贯公传其小子长卿，长卿传京兆尹张敞及御史张禹，禹传尹更始，更始传其子咸及翟方进、胡常，常授黎阳贾护，护授苍

《仪礼疏》，（汉）郑玄注，（唐）贾公彦疏，清嘉庆张敦仁刻本

梧陈钦。始，刘歆从尹咸及翟方进受《左氏》，由是学《左氏》者，本之贾护、刘歆。歆授扶风贾徽，徽传子逵，逵受诏列《公羊》《穀梁》不如《左氏》者四十事，奏之，名曰《左氏长义》，章帝善之。由是《左氏》大兴。"

《左传》注十二家，士燮、贾逵、服虔、王肃、董遇、杜预、孙毓、魏高贵乡公，嵇康、李轨、荀讷、徐邈。

晋代《左氏》服、杜二注俱立国学。至隋，杜氏盛行，服氏浸微。

杜预自谓有"《左传》癖"，为《春秋经传集解》；又参考众家谱籍，谓之《释例》；又作《盟会图》《春秋长历》，备成一家之学。

《尚书》，郑康成注之，古文也，然不可信，以东汉已无古文也。马融为郑康成之师，所主学说不同，文字亦不同。三国后，郑得列入学官，而伪古文之说以起。

梅赜伪《古文尚书》，本出于郑氏。

南北朝时，北魏颇有文化，然派亦不异。如《易》则北尊郑康成而南尊王弼，《毛诗》无甚异说，《左传》则南信杜预而北信服虔，《尚书》则只行于南而不行于北。唐则有孔颖达、贾公彦。现行世之"五经"，即孔颖达注疏者。《礼记》本非经也，而至是则为经。唐又并《周礼》《仪礼》而为"七经"，更加以何休所注之《公羊》、范宁所注之《穀梁》，则为"九经"矣。孔、贾二人中，孔为北方人，北方所尚与南方不同。唐一统宇内，宜无所争，然北方文化究不及南方，故孔虽北人，而于经则不能不舍北就南，《易》不用郑而用王，

《左》不用服而用杜，卒之北并于南。虽在北方，亦郑说失传而存王说，服说不行而存杜说。然其时南学、北学之分，犹甚显明焉。

《旧唐书·儒学传》："太宗以经籍去圣太远，文字多讹谬，诏前中书侍郎颜师古考定五经。又以儒学多门，章句繁杂，诏国子祭酒孔颖达与诸儒撰定《五经义疏》，凡一百七十卷，名曰《五经正义》。"其时但有《易》《书》《诗》《礼记》《左氏春秋》五经。永徽中，贾公彦始撰《周礼》《仪礼》义疏为七经。《五经正义》，初名《五经义赞》，后改今名。

唐行科举，轻视经学，而仍用之者，以时有明经、进士两科，学者不废。盖用经，非欲发挥经学，不过借以愚黔首耳。惟须实用之《周礼》《仪礼》，转极发达，一时研究甚精。

唐人说部：太宗一日微行，见新进士鱼贯行，喜曰："天下英雄，入我彀中矣。"盖唐代以制科取士，所以疲敝读书人之精力，使之无暇议及时政是非耳，与秦始皇"焚书坑儒，以愚黔首"之智计正同。

宋承唐后，拘守殊甚，不但文，即诗赋亦如此。有某者于此拘束时代，特发一鸣惊人之论，释"当仁不让于师"之"师"字为"众"，文意极佳，竟舍勿取，可见彼时箝束之甚矣。

汉儒解经主训诂，其弊也，妄参以谶纬妖祥之说；宋儒解经主义理，其弊也，妄参以凭虚武断之制。当时门户之见极深，岂独说经之文训"师"为"众"，见摈不录而已，即种种记载，亦未有敢言及"师"有"众"之一训者，可见宋代不明小学之甚也。

《孟子》无疏，而今传之疏实伪。

　　《孟子》，宋孙奭疏。朱子谓是邵武士人作，不解名物制度，其书不似疏，蔡元定犹见其人云。考《孟子》在汉时列于诸子，《艺文志》以入"儒家类"。东汉初，豫章程曾作《孟子章句》，其文不传。嗣赵岐作《孟子章句》①，朱子多采入《集注》中。又考《隋经籍志》，有汉郑康成《孟子注》七卷、汉刘熙《孟子注》七卷。《郑康成传》不言注《孟子》，刘熙《注》见《史记》、两《汉书》、《文选》等注。唐陆善经有《孟子注》，张镒撰《孟子音义》三卷，丁公著作《孟子手音》一卷。及孙奭作《孟子音义》二卷，自序云"自陆善经以降，其所训说，虽小有异同，而共宗赵氏"云云。

　　《简明目录》曰："陆德明《经典释文》独阙《孟子》，奭奉敕校刊赵岐《孟子注》，因袞合张镒、丁公著、陆善经三家之《音义》，集成此书。《孟子正义》托名于奭，即因此书而影附也。"

宋时之明经科改为学究科，盖"学究"二字之价值，可以概见。明经不过尔尔，则经学之厄亦甚矣。

　　唐时取士科目，有秀才，有明经。而明经之别，有五经、有三经、有二经、有学究一经。其应学究一科者，谓之学究。宋神宗时，罢诗赋、帖经、墨义，士各专治一经，是明经改为学究也。

---

① "《孟子章句》"，原误作"《孟子正义》"，据《后汉书·赵岐传》改。

《公是集》，（宋）刘敞撰，清
乾隆武英殿活字印本

《公是先生七经小传》，（宋）刘敞撰，
清康熙十九年刻《通志堂经解》本

　　进士科中，稍有才华，及宋不得不一大变。其变也，从孙复、欧
阳修始。孙谓《春秋》《左》《公》《穀》俱不可恃，遂自为说经。孙
之为此说，实本赵匡、啖助。

　　孙复，字明复，作《春秋尊王发微》。

　　啖助，唐赵州人，为《春秋集传》，考三家（《左》《公》
《穀》）短长①，缝綻漏阙②，复摄其纲条，为例统。助卒，其
门人陆淳、赵匡，与其子异，袤录助所为，损益而纂会之③，名

---

①　"考"，原误作"改"，据《新唐书·儒学·啖助传》改。
②　"缝綻"，原脱漏，据《新唐书·儒学·啖助传》补。
③　"纂"，原误作"处"，据《新唐书·儒学·啖助传》改。

《春秋纂例》。

　　宋代为《春秋》者，孙复之外，又有孙觉（字莘老）。王安石见而忮之，遂谓《春秋》为"断烂朝报"者也。又有胡安国之《春秋》，南渡后奏之高宗，其所称述，多借以讽时事，于经义不甚相符，谓之《春秋胡氏传》。

刘敞说经甚好，有《七经小传》① 者，今不易见。其说殊可靠，既不泥古，亦不狂妄，以古解古，较为公允。

　　刘敞，字原父，长于《春秋》，为书四十卷。敞将死，嘱子弟无遽出其集，百年后当有知者。卒后，私谥公是先生，即名其集曰《公是集》。弟敛，字贡父，与齐名，有《公非集》。

王安石著《三经新义》，现亦不易得其板，然读其文集，王之说犹愈于欧阳修。以欧阳视《诗经》为男女调戏之书，致黄细素《杂记》本是以为说，此其病在以意想讲经，不知古今人情变迁，不明小学之故也。

　　欧阳修撰《毛诗本义》十六卷，自唐定《五经正义》后，与毛、郑立异同者自此始。

朱文公谬甚，说《河图》《洛书》、先天八卦、后天八卦等。清王懋竑作文以辨之。

　　王懋竑，字子中，宝应人。

---

① "《七经小传》"，原误作"《七经小记》"。

朱非道学家，而道术炼丹，最为深信。讲《参同契》，不用己名，假托"邹忻"，"邹""朱"音近，"忻"可训"熹"，良可怪矣。

朱文公学极不纯。宋儒无不泛滥佛、老之学者，周、张、二程，均所不免。若邵尧夫，则并讲谶纬之说。吾人读书，原不必学扬子云，必标举不读非圣之书，以妄自矜贵，但泛滥于诸子百家，而要必中有所主，不为摇惑。宋代诸儒，即不免为新奇之说所中，而不忍割爱。此在平时发论，或可借以为旁证，至于以异说解经，实非所宜。朱子即不免此弊。清毛奇龄一意诋毁朱子，亦朱子之自取也。然朱子之为学，究有不可及处，吾人亦不当抹煞之。至明清尊朱子若帝天，乃以时文取士，其《四子书》专用朱注之魔力，亦且与朱元璋同姓，得升入圣庙十二哲之内故也。

《尚书》文有平易者，朱疑为非古文。清代学者举讦东晋《古文尚书》为梅赜伪作，此朱之功也。然《书序》决非伪，以无序不能知为某篇某篇也，朱并疑之，谬矣。

《书》百篇，六十三序，马、郑皆以为孔子所作，《正义》以为依纬文而知之。纬书既亡，无所取证。然《史记·孔子世家》云："叙《书传》，上记唐、虞之际，下至秦穆，编次其事。"是明证孔子编《书》，以垂世立教。苟不作序，后学安所取衷？是马、郑之言，信而有征也。

孔安国曰："《书序》，序所以为作者之意，宜引之以冠各篇之首。"（《书序》本自为一篇，与《毛诗序》同。故篇首以"昔在帝尧"起；后接《舜典》，则曰"虞舜侧微"；接《大禹谟》

《缃素杂记》，（宋）黄朝英撰，
明经德堂刻《唐宋丛书》本

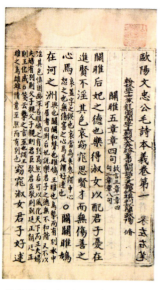

《欧阳文忠公毛诗本义》，
（宋）欧阳修撰，明抄本

《皋陶谟》①，则曰"皋陶矢厥谟，禹成厥功"。是古序合为一篇
之证也。今以之分冠各篇之首，则如《诗序》本合，后人取以分
冠各篇之首也。）而未指何人所作。刘歆、班固、马融、郑康成、
王肃、吕祖谦辈皆以为孔子作；林光朝、马廷鸾以为史记旧文，
历代相传，以为《书》之总目；蔡《传》以为周秦间人文字，有
合经处，中间略有得《春秋》意者，如《武成》《洪范》《费誓》
《秦誓》数篇；东莱（即吕祖谦）见一二处中有似《春秋》，遂以
为皆孔子之书。

金履祥曰："《前汉书》言，张霸采《左传》《书序》，作

----

① "大"，原脱漏，据《尚书》补。

《书》首尾；《后汉书》言，卫宏作《诗序》。卫宏之云，朱子尝引之以证《诗序》之伪。独《书序》疑而未断。方汉初时，《泰誓》且有伪书，何况《书序》之类。且孔《传》古文，其出最后，则其为齐鲁诸儒次第附会而作序，亦可知也。"

朱升曰："古文《书序》自为一篇，孔注移之各冠篇首，序文与《书》本旨往往不协。蔡氏（蔡沈）置于后，以存其旧，盖朱子所授之旨也。"

朱于《诗》则太过。《诗》中之注说小序也，朱有称"此刺淫奔之诗也"云云。陈傅良大骂，云朱注"城阙为偷期之所，彤管为行淫之具"二语，真可谓荒谬绝伦。现行本中无此二语，或者被陈骂后而改之。"丘中有麻""彼留子国"等语，朱解为妒语，清代学者已驳之。

张冥飞曰：学者门户之见，至宋而独甚。汉儒各守师说，其彼此攻击，犹有范围。若《箴膏肓》《发墨守》《起废疾》诸作，究竟不敢变易《左》《公》《穀》之原文。宋儒以理想说经，各标一惟我独尊之气概，以市侩垄断之行为，希图占夺儒林之独席，王

《诗集传》，（宋）朱熹撰，宋刻本

安石其尤著者也。至程颐释《礼》，苏轼以"燠糟鄙俚叔孙通"讥之①，可谓深中其隐。盖桀傲不驯，自以为是，实宋儒之通病也。朱子之自以为是，则又宋儒中惟一人物，极其弊，乃至改经以就己，而且遍植党徒，借以党同伐异。终宋之世，无敢撄朱门之锋者。逮及有明，朱元璋以同姓故，极力崇朱，又以时文取士，《四书》命题，其有背朱注者不录。于是数百年时文之毒，转成为士林拥护朱子之特征。究之朱子解经，自有其心得，而其武断处，实亦未能为之曲谅。世俗之盲从瞎赞，实为可笑之至也。

朱子《诗集传》，亦非完全自出手眼，其所以师心自用，哆口而谈者，即在去《序》而言《诗》。去《序》言《诗》者，朱子之前，尚有王雪山与郑夹漈。朱子喜其说之便于己也，因之尽去《诗序》中原有美刺之说，而别以己意断之，而所断为"淫诗"者，遂不一而足矣。考郑夹漈《诗传辨妄》，肆情妄断者极多。马端临已力驳之，其说曰："夹漈谓'事无两造之辞，则狱有偏听之惑'者，大意谓《毛诗》不可偏信也。然愚以为既譬之听讼，则《诗》者，其事也；《齐》《鲁》《韩》《毛》，其证验之人也。《毛诗》本书具在，譬如其人亲身到官，供指详明，具有本末者也。《齐》《鲁》《韩》三家，于他书中间见一二，真伪未可知，譬如其人元不到官②，又已身亡，无可追对，徒得之风闻道听，以为其说如此也。今舍《毛诗》而求证于《齐》《鲁》

---

① "燠"，原误作"鳌"，据《孙公谈圃》改。
② "元"，原误作"抗"，据《文献通考·经籍考六·经·诗》改。

《韩》，犹听讼者以亲身到官所供之案牍为不足信，乃采之旁人传说①，而欲断其事也，岂不误哉？"据马氏此言，是郑氏专辨毛、郑之妄者，实不足为典要。独其力攻《小序》，谓非子夏所作，可削去之。此一节最合于朱子以意改经之旨，故朱子力崇夹漈之说焉。但《诗小序》之当去与否，不得以其是否子夏所作为断，犹之《书序》纵未必出于孔子所作，而解经者固不容概从抹煞也。又按：孔子删《诗》之说出于司马子长，欧阳修疑之，朱子疑之，谓孔子只是刊定而已。盖删《诗》之说而果成立，则犹之删定鲁史而成《春秋》，是孔子之志矣。如谓《国风》多淫，是不啻孔子亦志于淫诗也，自非朱子之所敢出。故朱子必先推翻删《诗》之说，而后敢于肆意谓《国风》为淫。宋儒之技俩，往往如是矣。至《诗序》相传，出于子夏。子夏乃亲炙孔子者，朱子若从夹漈而抹煞之，是千岁以下之人之臆断，转亲切于身自受业于孔子者之言，亦非朱子所敢出也。所幸郑氏《诗谱》已有子夏作《大序》，子夏、毛公合作《小序》之说；韩昌黎又已疑大、小《序》皆汉儒附托；程大昌且决定为卫宏所作。故子夏不可驳者，赖有毛公，可供一驳；更赖有卫宏，可供大驳。遂放胆出词，而《国风》之幸而不断为"淫诗"者鲜矣。此朱子说《诗》之所以羌无是处也。

宋陈傅良，字君举②，学者称止斋先生。

---

① "乃"，原误作"仍"，据《文献通考·经籍考六·经·诗》改。
② "君举"，原误作"玉举"，据《宋史·陈傅良传》改。

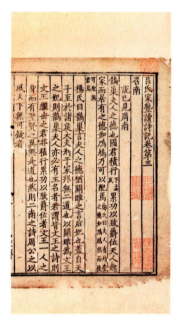

《吕氏家塾读诗记》,(宋)吕祖谦撰,宋刻本

吕东莱讲《诗》极好,惜当时不行。

吕祖谦之《家塾读诗记》,朱子为之作序①,称其"博采诸家,巨细不遗,挈领提纲②,首尾兼贯,既足以息夫同异之争,而其述作之体,则虽融会通彻,浑然若出于一家之言③,而一字之训、一事之义,亦未尝不谨其说之所自。及其断以己意,虽或超然出于前人意虑之表,而谦让退托,未尝有轻议前人之心。如伯恭父者,真可谓有意于温柔敦厚之教矣。"其倾倒之若此。然东莱宗毛氏,朱取三家,立说极不同也。

明代无经学。清之反对朱者,最初为毛奇龄,然非之是也,而《四书改错》则未免过甚。

毛奇龄,字大可,学者称西河先生。

宋以前,《论语》《孟子》均单行,《大学》《中庸》均收入《小戴记》。(《汉艺文志》有《中庸说》二篇,附于《礼经》之后,

---

① "作序"下,原误衍"陈振孙《书录解题》",据朱熹《吕氏家塾读诗记序》删。
② "提",原误作"持",据朱熹《吕氏家塾读诗记序》改。
③ "于",原脱漏,据朱熹《吕氏家塾读诗记序》补。

是亦单行者也。）宋仁宗始以
《大学》赐新第王拱辰等①，以
《中庸》赐新第王尧臣等。至
程、朱乃取《论语》《大学》
《中庸》《孟子》定为四子书。
而朱子之《大学章句》《论语集
注》流传最广。元延祐中复科
举，以《四书》取士，明清因
之，《四书》之名乃大著。按：
朱子《学》《庸》章句及《论》
《孟》集注，所以发明孔子之
学说者，其功为不可没，而大
醇小疵，自所不免。毛西河作
《四书改错》以驳之，则门户
之见太深矣。

《四书改错》，（清）毛奇龄撰，
嘉庆十六年金孝柏重刻本

《河图》《洛书》，清胡渭驳之。

　　张冥飞曰：按：伏羲王天下，龙马负图出于河，遂则其文以
画八卦，是曰《河图》；大禹治水，神龟负文列于背②，有数至
九，禹遂因而第之，以成九畴，是曰《洛书》。《河图》者，《易》
之所从出；《洛书》者，《洪范》之所本也。吾人据《易》与《洪

① "辰"，原误作"宸"，据《玉海·圣文·天圣赐进士大学篇》改。
② "神"，原误作"理"，据《尚书·洪范》伪孔传改。

范》之文，言人事者多于天道，言理者亦超于数，所当尽人以合天，不必舍理而言数。然而谶纬诸家，则必于此穿凿附会焉，以故神其说，所谓"狐鼠凭城社"之智，彼固以为吾说由《河图》《洛书》而来，足以恫吓一世而莫予敢驳也。然汉代纬候之说，至六朝篡夺频仍而技俩已穷，盖篝火狐鸣之术，终不若植党营私之足恃，但借以掩篡夺之迹，则所造作之兴王符瑞，较魏晋之自谓舜受尧禅者，更多一番掩耳盗铃之手续而已。迄唐篡隋，此风且延至五代。宋太祖黄袍加体，夺神器于孤儿寡妇之手，极知符瑞之说，足以摇惑人心，乃始禁之。而纬候之说，遂流于道家，为儒者所不敢道。然经典之文皆质直，苟欲立异鸣高，则非附会以纬候之说，不足以俯视一切。但显干禁令，亦所不敢，于是群相推究纬候家所祖宗之《河图》《洛书》，自谓穷经，而实以扬纬书之死灰耳。有如邵康节之《先天图》，为有宋一代儒家所以混纬入经者，其实有何用经？古圣人所谓至诚之道，可以前知者，乃尽人以合天之至理，决不如此之意为衍推也。今摘录宋儒所论者于次。

王湜曰："《先天图》传自希夷，前者莫知其所自来。"

朱子曰："先天之学，康节得之李之才挺之，挺之得之于穆修伯长，伯长得于陈希夷。"又曰："《先天图》直是精微，不起于邵子，希夷以前原有，只是秘而不传，次第是方士辈所相传授。"又曰①："康节受《易》于李之才，以《先天古易》衍其旨②，著书十余万言，以发希夷之蕴。史称'探赜索隐，妙悟神

---

① "又曰"以下，均摘自胡渭《易图明辨·先天古易上》，非朱熹语。
② "天"，原脱漏，据胡渭《易图明辨·先天古易上》补。

契'，此实录也。"

魏了翁曰："先天之学，秦汉而后，惟魏伯阳窥见此意，至华山陈处士始发其秘。"又曰："众人以《易》观《易》而滞于《易》，先生以《易》观心而得于心。其《方圆图》《皇极经世》诸书，消息阴阳之幾①，贯融内外之分，盖洙泗后绝学也。"

朱子发述《易》源流曰："陈抟以《先天图》传种放，放传穆修，修传李之才，之才传邵雍。修又以《太极图》传周敦颐，敦颐传程颢、程颐，故雍著《皇极经世书》，敦颐作《通书》，颐著《易传》。"

黄瑞节曰："《先天图》与《太极图》同时而出，周、邵二子不相闻，则二图亦不相通。"

晁景迂曰："胡武平、周茂叔同师鹤林寺僧寿涯，后武平传其学于家，周茂叔则授二程。"皆以为释、老宗旨。

据以上各说观之，宋儒之所谓《先天图》《太极图》者，自以为得《河图》《洛书》之精蕴，且援墨入儒以明之，而《易》与《洪范》之本义转晦。考邵图有三：一横图，自一画至六画，为六十四卦所由生；一小圆图，《乾》南、《坤》北、《离》东、《坎》西，为八卦方位；一大圆图，左方始《复》终《乾》，右方始《姤》终《坤》，为六十四卦方位，大圆图中又有小方图，以象天地之相函。当时程伊川（颢）未之见。杨龟山（时）见而不信，其说具于《答陈莹中》两书。程明道（颐）见而信之，其作《易传》，从而括以加一倍算法。宋南渡后，林栗、袁枢等

---

① "息"，原误作"长"；"幾"，原误作"机"，均据魏了翁《跋秦伯镇兵部问〈易〉康节书》改。

《尚书古文疏证》,(清)阎若
璩撰,清沈彤抄本

崛起攻邵。陆象山（九渊）谓《先天图》非圣人作《易》本旨，其说具于与朱子论《太极图》两书。至朱子作《易本义》《易启蒙》，乃以《易》本为卜筮而作，谓康节《先天图》得作《易》之原，伊川言理甚备，于象数犹有阙，于是与蔡西山（元定）极力表彰邵学。自是混纬于经，几有不容分辩之势矣。至明末清初，驳朱说者始众，若李刚主、黄宗炎、毛大可等，均有论著，而以胡朏明（渭）之说为最长。

阎若璩力攻古文《尚书》，证据完备，近似汉学。然其病在本朱子。江永甚佩朱，而讲经则不佩之。

阎若璩，字百诗，太原人。江永，字慎修，婺源人。

清代之经学，有惠栋（定宇）、戴震（东原）二人。惠为吴派，戴为皖南派。戴不自著书，而讲研究法。其以训诂解《仪礼》，以文字定训诂，以音声定文字，如此探本穷源，思过半矣。其传经之弟子，有孔广森、任大椿、段玉裁等三人。尚有一王念孙者，虽非戴之传经弟子，而能引《汉书》之乙处，以解其甲处，历代所不能通者，用此则无不通矣。所著《经传释词》一书，为读古书者所不可不读也。

《经传释词》,（清）王引之撰,清嘉庆二十四年原刻本

《礼仪器制改释》,（清）孔广森撰,稿本

《大戴礼记补注》,（清）孔广森撰,稿本

孔广森，字㧑轩，曲阜人。任大椿，字幼植，兴化人。段玉裁，字若膺，金坛人。王念孙，字引之，高邮人。

惠、戴而外，有庄存与、刘逢禄、宋翔凤等之常州派。又王闿运等，亦以经学家闻于时。夫学派之别，初则有今文、古文之争，次则南学、北学，次则汉学、宋学，次则吴派、皖南派，今又将转入今文、古文，如此循环无端，永无止息。意者天地混沌，而后学派之争始已欤？

古今学派之争，大抵以攻击古人为本身得名之计。其实古人自有其不朽之地位，非攻击者所能夺篡，殊可不必。

第六日讲学记

(乙) [1]哲学之派别

"哲学"之名词，为今日一般人所通用，然考之实际，尚不甚适当，惟求一较善之名次，亦不可得耳。

按："哲学"之名，来自欧洲。中国古于种种学说，无若欧洲之各加以专称者也。欧洲之讲"哲学"，以谓凡属宇宙万有之原理、原则而研究之者皆是，其范围则亦广漠极矣。而中国古来种种学说，在今日而以"哲学"之名加之，固亦可在其范围中也。

古代关于哲学之书，以子类为最多，经中则甚鲜。

张冥飞曰：经者，常也。其所陈之原理，要必人人能知而能行者；其所举之原则，要必人人所公认为标准者。故所注重者在人为，所蕲人人皆能自尽其作人之职责。诸子百家之言则不然，则所标揭其独到之见解与思想者也，言而所知未必尽，且亦绝不求其行，张皇幽渺，穷极细微，只可以供清谈，而其影响于社会人群，为功为罪，羌无一定。此经与子之大较矣。人生世上，本有物质生活与精神生活两大要义。偏于物质生活，则启人类以巧取豪夺之门；偏于精神生活，则导人类以绝伦蔑理之路。此二者

---

① "（乙）"，原作"（二）"，据前后章节编次改。

皆得缘饰诸子之说，以自坚其断然进行之观念，皆非中庸之道矣。不佞对于周秦以来种种学说，以为平正通达，可知可行，未有如孔子者矣，由极寻常而至极深微，无不可于人为上着力。有如"贤哉回也，一箪食，一瓢饮，在陋巷（物质生活）。人不堪其忧，回也不改其乐（精神生活）。贤哉回也"，由此评断以观，是人类对于物质生活、精神生活二者，皆有其平易可为之确实立足地，则与"修其天爵，以邀人爵"，"绝人逃世"，"不顾父母之养"者异矣。又如孟子"性善"、荀子"性恶"、告子"性无善无不善"、扬子"性善恶混"诸说，要必以孔子"性相近也，习相远也"二语为最合事理，亦为最有办法。盖性不必问其善恶，而但端正其习，即善者之自修愈以坚确，而恶者亦渐磨而可以自迁矣。孟、荀诸说虽辩，其如不使一般人有着力之余地何？近代谈禅宗者，以谓"顿"不如"渐"："渐"有着力处，人人皆可成佛；"顿"则无着力处，是成佛者惟我，我以外皆任其以众生终也。奚其可哉？

《易经》关于哲学之处虽多，然此书本古之社会学。

按：《易》为古君子修身应世之书，观《系词》《说卦》《序卦》《杂卦》，其意极为明显。今将孔子所释《乾》《坤》二卦之辞摘录于次，知修身应世，大有其着力处也。"（《乾》）初九曰：'潜龙勿用。'何谓也？子曰：'龙，德而隐者也。不易乎世，不成乎名。遁世无闷，不见是而无闷。乐则行之，忧则违之。确乎其不可拔，潜龙也。'九二曰：'见龙在田，利见大人。'何谓也？子曰：'龙，德而正中者也。庸言之信①，庸行之谨。闲邪

---

① "信"，原误作"行"，据《周易·乾·文言》改。

存其诚，善世而不伐，德博而化。《易》曰："见龙在田，利见大人。"君德也。'九三曰：'君子终日乾乾，夕惕若，厉无咎。'何谓也？子曰：'君子进德修业。忠信，所以进德也；修辞立其诚，所以居业也。知至至之，可与幾也；知终终之，可与存义也。是故居上位而不骄，在下位而不忧。故乾乾因其时而惕，虽危无咎矣。'九四曰：'或跃在渊，无咎。'何谓也？子曰：'上下无常，非为邪也。进退无恒，非离群也。君子进德修业，欲及时也，故无咎。'九五曰：'飞龙在天，利见大人。'何谓也？子曰：'同声相应，同气相求；水流湿，火就燥，云从龙，风从虎；圣人作而万物睹；本乎天者亲上，本乎地者亲下①，则各从其类也。'上九曰：'亢龙有悔。'何谓也？子曰：'贵而无位，高而无民，贤人在下位而无辅，是以动而有悔也。'"

"乾元者②，始而亨者也；利贞者，性情也。乾始能以美利利天下，不言所利，大矣哉！大哉乾乎！刚健中正，纯粹精也。六爻发挥，旁通情也。时乘六龙，以御天也。云行雨施，天下平也。君子以成德为行，日可见之行也。潜之为言也，隐而未见，行而未成，是以君子弗用也。君子学以聚之，问以辨之，宽以居之，仁以行之。《易》曰：'见龙在田，利见大人。'君德也。九三重刚而不中，上不在天，下不在田。故乾乾因其时而惕，虽危无咎矣。九四重刚而不中，上不在天，下不在田，中不在人，故或之。或之者，疑之也，故无咎。夫大人者，与天地合其德，与日月合其明，与四时合其序，与鬼神合其吉凶。先天而天不违，

---

① "乎"，原误作"夫"，据《周易·乾·文言》改。
② "乾"，原脱漏，据《周易·乾·文言》补。

后天而奉天时。天且不违①，而况于人乎？况于鬼神乎？亢之为言也，知进而不知退，知存而不知亡，知得而不知丧。其唯圣人乎！知进退存亡而不失其正者，其唯圣人乎！"

"（《坤》）积善之家，必有余庆；积不善之家，必有余殃。臣弑其君，子弑其父，非一朝一夕之故，其所由来者渐矣。由辩之不早辩也。《易》曰：'履霜，坚冰至。'盖言顺也。直，其正也；方，其义也。君子敬以直内，义以方外，敬义立而德不孤。'直方大，不习，无不利'，则不疑其所行也。阴虽有美，含之以从王事，弗敢成也。地道也，妻道也，臣道也。地道无成②，而代有终也。天地变化，草木蕃；天地闭，贤人隐。《易》曰：'括囊，无咎无誉。'盖言谨也。君子黄中通理，正位居体，美在其中，而畅于四支③，发于事业。美之至也！"

《论语》一书，论理、道德、哲学参半。

《论语》，乃孔子门人记述其所闻孔子之言行，盖孔子之学说，十九存焉。孔子之为学，大抵从人伦着手，故论孝独精，以父子之义，根于有生之初也；次则论仁，以人类相处，不可不互以人心相接也；然后以忠恕之道，放而推之，所谓修身、齐家、治国、平天下，一以贯之之道也。

惟儒家、道家，言哲学者甚繁。儒家如孟子，道家如老子。所谈各有不同之处，盖儒家范围小，道家较宽也。

---

① "不"，《周易·乾·文言》原作"弗"。
② "无"，原误作"也"，据《周易·坤·文言》改。
③ "支"，原误作"肢"，据《周易·坤·文言》改。

张冥飞曰：孟子所愿在学孔子，所论列是非不谬于圣人矣。而平情近理，则终不及孔子，所谓"中庸不可能"者是也。然孟子之"道性善"，则纯乎孔子"以君子待人"也；"言必称尧舜"，则又孔子"大道之行，天下为公"之义也。故儒家之最近于孔子者，莫若孟子。以其"修己安人"之道，在以德化，不专以刑求也。盖"道之以德，齐之以礼，有耻且格"之精义，孟子以外，知者少矣。若老子学说，主清静无为，似与古帝王之无为而治者有相同处。实则无为而治，乃道德齐礼之效；清静无为，特正心诚意之功。一在未事之先，一在既事之后；一根于修己，一志于安人，未可同年语矣。且如"法令滋彰，盗贼多有"，及"民不畏死，奈何以死惧之"等说，非不高远也，而所以不必彰法令，及不必以死惧民之道，则绝非"绝圣弃智""剖斗折衡"之所能为也，仍当于道德齐礼上做工夫。是儒家学说虽不免于滞迹相，而无不有其着力处；道家学说虽超然尘埃之外，独善其身，则或者无根，而兼善天下，实茫乎其无所薄也。

荀子言哲学，颇有效《论语》处，但不似扬雄之完全引用耳。

按：昔人以荀、孟并称，究竟荀子之说，注重刑名。扬子云涂饰《论语》以为己作，无他发挥。韩昌黎谓"荀与扬，大醇而小疵"，未为真确评断。

庄子与孟子，系同时言哲学者，但因趋向不同，从未面质。庄子虽渊源于老子，但与老子亦微有不同。如"自由""平等"四字，素为一般宗教家之口头禅，而庄子之见解独异。庄子之《逍遥》篇即言自由，《齐物论》即言平等。但普通均以不被人侵犯谓"自由"，《逍遥》篇则言无论何物均"有待"，如鲲鹏虽大，无南溟则不能容，无巨风则不能行，"无待"方可为"自由"也；普通皆以无阶级为"平等"，《齐物论》则以"无是非"为"平等"。

庄子源出于老子，而立论又不若老子之平正。大抵愤时嫉俗之极，其言多所偏激，未可专相其面。至于近代"自由""平等"之说，羌无标准，各家之说，均不能以自圆。大抵物质生活方面，"自由""平等"均无从实现。独精神生活，可以有正确"自由""平等"之境地。是则当今之世，安得人人臻此哉？

哲学于战国为最盛，至汉乃退化，竟目之为"九流"。汉武帝时，曾不许学者讲"九流"。后扬雄讲哲学，立论虽浅，尚少迷信之语。然东汉虽较西汉为佳，真正哲学家亦无其人也。

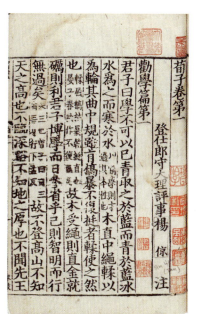

《荀子》，(唐) 杨倞注，南宋淳熙八年钱佃江西漕司刊本

诸子百家之说，自以战国时代为盛。今所存者，若老、庄、申、韩、管、晏之言，虽真伪不可必，而要皆成为一家之说。至杨朱、墨翟、许行之言，存者独墨子，杨、许则不甚可考矣。据其"为我"及"为神农之言"者按之，自必有其精到语，为各家所未及者。扬雄

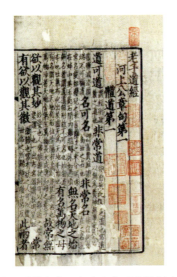

《老子道德经》，宋建安虞氏家塾刻本

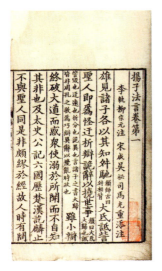

《扬子法言》，（汉）扬雄撰，（晋）李轨、（唐）柳宗元注，（宋）宋咸、吴秘、司马光添注，宋淳熙八年刻本

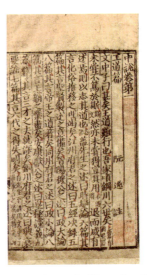

《中说》，（隋）王通撰，（宋）阮逸注，明初刻本

《法言》与王通《中说》，均为子部中无大意味之书。"九流"之名，始见诸班史，太史公则不以之阑入《史记》也，于此亦可见班、马之见识之短长。

魏以后，老、庄又复兴。自魏晋至六朝，佛教渐入中国。当时不重讲经，言哲学者，大半隐于佛教，亦因老、庄之说太猖狂，佛教言哲学较稳定也。

汉末清谈之习，至何晏、王弼而始著。其始亦有讲《易》者，后乃专讲《老》《庄》，排弃世务，专谈空理。迄晋王衍而大盛，后进效慕，遂成风俗。汉明帝梦见金人，始往西域求佛法，至晋、宋间而大盛。

大概哲学只盛行于乱世，在升平时代则退化。唐韩愈文章虽美，于道学不能透澈，亦不能讲哲学。柳宗元道学较深，试观其《天说》一文，其论理处，即高出韩愈之上矣。韩愈自命博学，以为老子即当世之道士，乃大误。韩愈后因贫，志气渐堕落。试观其《谏迎佛骨表》，何等梗直，后竟为助请封禅献媚之文，暗中与佛教大颠往来，表面又否认信佛。

按：韩愈助请封禅，不免于热中仕宦，与谏迎佛骨，自不得谓非自相矛盾。而其与大颠往来之故，早于《与孟幾道书》中表明之，未可以其与和尚往来，即为信佛之证。且即信佛，亦无碍于《谏迎佛骨表》也。盖信佛与否，为个人之事，而宪宗迎佛骨，则直使举国若狂，荒时废业，佞佛以求福利，夫岂佛家之真谛应尔乎？

同时李翱，较韩高深，曾著有《复性书》三篇，颇佳。至五代以来，习佛教者渐多下流社会矣。

古之信佛者，非必能研究哲理者也，然惑于福利之说而已矣。例如梁武弑君，一再舍身以禳之。其愚若是，与下流社会之恃有"奉佛消罪"之说而作恶者，何以异哉！

宋讲理学，有周敦颐、程明道、程伊川，其说多含哲理。程明道较伊川为佳。后陆象山与朱熹互相诘难。就二人论，陆实胜于朱也。明王阳明又较象山为高，但因反对朱熹之故，遂以陆象山之言为根据。

周、程学派及朱、陆异同，备见黄宗羲之《宋儒学案》、全祖望之《宋元学案》，不赘述。

第七日讲学记

元初学者如王柏、金履祥、许谦、吴澄等，亦自成一家之言。

王柏，字会之，自号鲁斋，师事何北山。北山勉以"立志居敬"，因自著《敬斋箴图》，出一"敬"字为日用躬行之则。所著书甚多，为元儒冠。

金履祥，字吉甫，金华人，师事何北山、王鲁斋。讲学精详，学者称为仁山先生。所著有《大学疏义》《通鉴前编》《论孟考证》诸书。

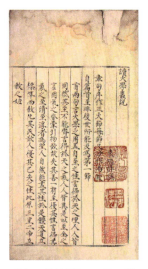

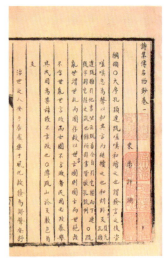

《读四书丛说》，（元）许谦撰，明抄本

《诗集传名物钞》，（元）许谦撰，明怡颜堂抄本

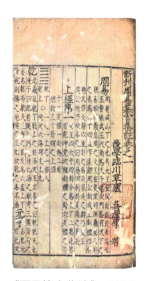

《周易纂言集注》,（元）吴澄撰，明嘉靖元年宗文书堂刻本

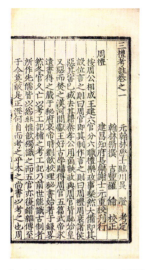

《三礼考注》,（元）吴澄撰，明成化九年谢士元刻本

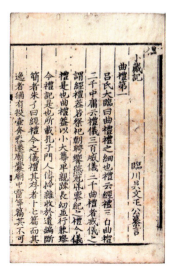

《礼记纂言》,（元）吴澄撰，元元统二年吴尚等刻本

许谦，字益之，金华人，闻金履祥道学，往从之，世号白云先生。著有《诗集说》①《四书丛说》。

吴澄，字幼清，崇安人，学者称草庐先生。著有《易》《春秋》《礼记》《尚书纂言》等书，又校正《皇极经世书》、大小戴《记》、《老子》、《庄子》、《乐律》、《八阵图》、《葬书》等。

然王说最偏，专从朱子说《诗》之旨而推衍之，谓《诗》为"淫奔期会"之作，辄欲自行删《诗》，亦可谓胆大妄为者矣。

会之删《诗》之说，略曰："今《诗》三百五篇，岂尽定于夫子之手？所删之《诗》，容或有存于闾巷浮薄之口②，汉儒取以补亡。（按：此即其胆大删《诗》立说所以然。）乃定二《南》各十有一篇，两两相配，退《何彼襛矣》《甘棠》归之《王风》③，削去《野有死麕》，尽黜郑、卫淫奔之诗。"

明宋濂博览群书，然非理学家也。方孝孺无甚发明。所有朱子之学说，至是而微。陆派亦散漫。其故由于明太祖专制太过，以致学者不能自由发挥思想。

宋濂，字景濂，为有明一代文章之巨擘。方孝孺，字希直，一字希古，为景濂高足弟子。大抵皆宗朱子。其时主陆象山学说者少知名之士，且理学门户之争亦不甚也。

---

① "《诗集说》"，当作"《诗集传名物钞》"。
② "浮薄"，原误作"妇孺"，据《宋史·儒林·王柏传》改。
③ "归"，原误作"妇"，据《宋史·儒林·王柏传》改。

要之，明学派自成一代风气，非承袭宋代者。其最有名者二人：一为薛瑄，无所谓派，语亦寻常；一为吴与弼，野居而农，不应世，苦学不倦，读书又多，主身体力行。

薛瑄，字德温，山西河津人，学贵践履，不务论说，为明代理学之最。

吴与弼，字子传，江西崇仁人，学者称康斋先生。其学术纯任自然，涵养性情，有孔门"陋巷""风雩"之意。

凡明代所传之学派，吴多而薛少。薛语尚正，惟行则不能无疵。

薛敬轩在明初为北方之学者，与南方之方孝孺齐名，号为河东学派。

吴为石亨所荐，有谓彼为石之门下士。虽有为辩者，恐亦不能免。此亦当时风气使然，不足怪。

吴康斋，崇仁人，号为崇仁学派。石亨，当景帝时，与曹吉祥等迎英宗复位，杀于谦，遂为清议所不齿。亨尝荐康斋，欲借以自重。康斋虽未出，然已不免受其污矣。

吴传派别多，如胡居仁、陈献章、娄谅等，为一时知名之士。然胡无甚发明，陈则发明不少。

胡居仁，字叔心，江西余干人，人称敬斋先生。其为学一本崇仁。

陈献章，字公甫，新会人，人称白沙先生，别为白沙学派。

娄谅，上饶人。其为学一本崇仁。

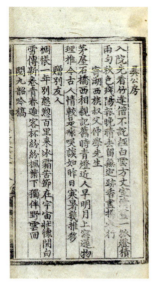

《读书录》,(明)薛瑄撰,明正德　　　　《康斋先生文集》,(明)吴与弼
十五年郑维新刻本　　　　　　　　　撰,明嘉靖五年林维德刻本

夫明代学者,有所发明以为尚,实自陈白沙始。陈不著书,以为著书无谓,而诗则至富。此人系乐天派,筑阳春台,静坐三年。门下弟子从之者,亦啸傲山水以为快。其最乐诵者,为《论语》"浴乎沂,风乎舞雩"等语。至《孟子》"勿忘勿助"之语,亦殊赞成。盖彼以为无时不乐,无一不快也。其门下士为湛若水,与娄谅所传弟子王守仁同时并起。

湛若水,字元明,广东增城人。所论以"自然"为本体,以"勿忘勿助"为工夫,学者称甘泉先生。

王守仁,字伯安,余姚人。学者称阳明先生,别为姚江学派。

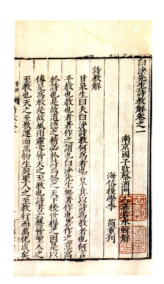

《白沙先生诗教解》,(明)陈献章撰,(明)湛若水辑解,明隆庆元年李苟刻本

《传习录》,(明)王守仁撰,明嘉靖二十九年王畿刻本

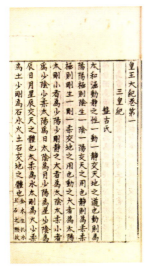

《皇王大纪》,(宋)胡宏撰,明抄本

王阳明似喜讲道教者，少时交道家不少。延某道家至家，三拜而问道。道家笑对曰："求道而专以拜，犹宦海中习也。"后从娄谅而与湛为友。

朱子、王阳明均泛滥于佛、老之说，特对于佛说则甚讳之，于道家言则不甚讳饰耳。

湛之主要语，为"体天理"。"天理"云者，自然之规矩也。湛主一切顺乎自然，故湛之见解，比王为高。

老子法自然。白沙学派，仍不脱道家习气。

阳明无所畏，惟畏死。究不知死后如何，无以验，乃筑石棺以试之。卧棺中，忽跃起，而得"良知"之说。

此阳明贬龙场驿时事。后人遂谓其多所做作。

并讲"知行合一"，谓"知"即"行"，凡"知"之恳切者即"行"，"行"至极精明之处即"知"。后复讲静坐，所著《传习录》，言之甚详。

"知行合一"之说，究不免牵强处，后人有驳之者。但"知""行"确未可分为两事，强为之界说者亦非是。讲静坐即近乎禅寂，但主静实所以制动，学者不可无此工夫。

原此"良知"之说，究竟有何所本？查宋胡宏著有《胡子知言》一书中，有"良知"之说，惟说之未透耳。王说殆本之胡氏欤？

胡宏，字仁仲，著《知言》及《皇王大纪》，学者称五峰先生。

孟子曰："孩提之童，无不知爱其亲也；及其长也，无不知敬其兄也。"此从感情上说。若王则范围广矣。佛学有"相分""见分""自证分""证自证分"，因此以释孟、王：孟说"良知"，仅属"见分"；王说"良知"，即"自证分""证自证分"矣。王论事不恃他物证，亦不必事后考虑。盖对人不许狐疑，对己不得懊悔。故有谓阳明之说宜于用兵，最有决断，良有以也。

> 对人不狐疑，是其智虑足以周万事万物也；对己不懊悔，是其立身行己、待人接物均不有遗恨也。此非学问、知识、道德均极高尚之人，何足以言学步。此亦个人成佛之诣，非所以使人人成佛之诣也。

阳明之弟子，有钱德洪、王畿、王艮。王艮最狂，而弟子极多。

> 钱德洪，原名宽，字德洪，以字行，改字洪甫，余姚人，阳明高第弟子，学者称绪山先生。王畿，字汝中，山阴人，学者称龙溪先生。初学于阳明，其后入于禅学。王艮，字汝止，泰州人，学者称心斋先生，别为泰州学派。三君皆姚江派传于浙中者，亦曰浙中学派。

黄梨洲《明儒学案》不佩二王，而最佩江西之弟子，如罗洪先、邹守益、欧阳德、聂豹等四人。

> 黄梨洲，名宗羲，字太冲，余姚人。二王，即龙溪、心斋。罗洪先，字达夫，别号念庵，江西吉水人。邹守益，字谦之，江西安福人，学者称东郭先生。欧阳德，字崇一，号南野，江西泰和人。聂豹，字文蔚，号双江，江西永丰人。四君皆姚江派传于

江西者，亦曰江右学派。

罗云："人至极静时，心中未有不定者。"时有王时槐者，亦主静坐，谓无念即为一念，非无念也。而念之至微者，此即佛法中之所谓"意根恒审思量"。设问曰：我何物？应曰：阿赖耶识即我。何以知我？即先有意根也。恒审思量，即想我也。人对他有怀疑，对于我，决无自怀疑者。

张冥飞曰：此中研究，微乎其微，实则《老子》"法自然"一语，可以尽之。有如"人之大患，在于有身；及吾无身，吾有何患"之说，即"无眼耳鼻舌身意，无色声香味触法"之所由来也。但"自然"之极，有身听之，无身亦听之，患与无患，亦均听之，岂不一空诸有之至？而再三反复申说，未免仍落言诠。究竟儒家"'德辖如毛①'，毛犹有伦。'上天之载，无声无臭'"，着语不多，足以涵养一切矣。故佛、老之说，终隔一尘也。

王时槐，刘文敏门人。文敏亦江右学派中名人。

王艮之弟子曰王栋，发明一语曰："意与心恐有别。"盖"意"非"心"所发，"意"为"心"之所主。

《大学》本分"正心""诚意"为二事。王栋，泰州学派中名人。

湛若水寿极长，主张与王极不同。其门弟子极多，而著名者不多见。

甘泉学派，据《明儒学案》，仅吕怀等十许人。

---

① "如"，原误作"于"，据《礼记·中庸》改。

此外有吕泾野者，说又与王、湛不同，要讲礼教，而极纯正。有何心隐者，用术以倾严嵩，适如今之政客。李卓吾说奇异，与当世之讲男女同校者同。

李卓吾，名贽，务为惊世骇俗之谈，而文章却横肆不驯，雅有奇气。

宋讲礼教过甚，至明而撤其防。穷则变，自然之势也。总之，宋儒讲礼教，明儒不讲礼教，此宋、明两代儒者之差异点也。

张冥飞曰：礼本人心以为之节文，人类相处，安可一日而不讲者？然礼又有从宜之说，故古礼有不适用于今者，所当精究古人所以制礼之意，改而使近今可行。鲁两生拒孙叔通之招，以谓非百年不能制礼，当是不屑与孙叔通共事之言，非确论也。宋儒

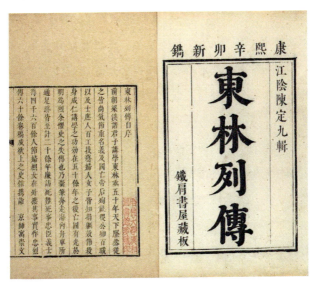

《东林列传》，（清）陈鼎撰，清康熙五十年刻本

所讲礼教，未免过于胶柱鼓瑟，不独失从宜之意，并人心节文，而亦未加以精究，宜乎其说之不能以久远。乃今以宋儒之说之鏊糟鄙俚，乃并礼教而一切推翻之，而人类相处之道，或几乎息矣。

王、湛学派，本自不同。传至许孚远，则有会两说而同之之机。至刘宗周（蕺山），或别有发明。"常惺惺"之说，此语朱子亦尝说之。阳明同时有罗钦顺（整庵），则谓宗朱派，其实不然。罗说只有"礼义之心"，并无"气质之心"。又宋儒谓"天理、人欲不能并立"，罗则曰"欲当即为理"。将"天理""人欲"二者冶于一炉，视宋儒为进矣。盖此非袭朱文公之唾余，而罗所特出者。如王、湛二氏，俱可归为吴康斋派也。

"天理、人欲不并立"之说，本自不圆。古圣贤之言，只道得"欲则不刚"，然而"饮食男女，人之大欲存焉"，亦所不讳也。在《易》之《损》曰"君子以惩忿窒欲"①，言"损益盈虚，与时偕行"之着力处，非谓"不学而能"之七情，只许有喜怒哀乐爱恶也。

其后东林党出，如高攀龙、顾宪成等，诚多移风易俗之心。然东林派与政治有关，致为魏忠贤所谗害。

明万历中，无锡顾宪成与高攀龙重修宋杨时（龟山先生）东林书院，讲学其中，声气甚盛。迨魏忠贤乱政，诸人力与撄拄。

---

① "惩"，原误作"恋"，据《周易·损·象传》改。

而同类中贤奸杂糅，小人伺隙中之，党祸大兴，诛斥殆尽，籍其名，颁示天下，与宋代之元祐奸党之狱，为士林两大奇祸。清陈鼎撰《东林列传》二十四卷，都一百八十余人，记之甚详。

李颙属王派，而不自承为王派者也。所谓"一念万年"①，究未说得明白。

> 李颙，字仲孚，陕西盩厔人，著有《二曲集》，学者称二曲先生。

清代之学派不足论。如陆陇其、汤斌等，无独得，不足道。江藩著《宋学渊源记》，书颇佳，所收殊富。惜其人官于清，不足取。

> 陆陇其，字稼书，平湖人。汤斌，字潜庵，睢州人。江藩，字子屏，甘泉人。

戴东原等，固打倒宋学者。戴主不遏抑人欲，功利学派也。如罗有高、彭绍升等，瑜不掩瑕，故不取。欧洲近代有所谓"唯心派"者，太理想而无实验，佛学所谓有"比量"而无"现量"也。总之，佛说多备于我国历代之哲学家。然今之讲佛学者，轻名节而不顾，亦未免缺点矣。

---

① "一念万年"，原误作"一念万念"，据李颙《学髓》《传心录》《富平答问》诸篇改。

第八日讲学记

（丙）①文学之派别

讲文学之派别，不可不知文体。古今文体甚繁，今略举之。

传为纪载个人之事。本纪亦传例也，不过所纪为帝王之事，遂尊之曰本纪。

> 此从《史记》说起也。太史公创本纪、世家、列传之称以作史，后代因之。然列项羽于本纪，即是不以成败论人之特识。

论与说、辨等同，如庄子《齐物论》、贾谊《过秦论》等，初未必有"论"字，而"论"字或后加者。

> 刘勰《文心雕龙》谓论有四品："陈政则与议说合契，释经则与传注参体，辨史则与赞评齐行，诠文则与序引共纪。"《昭明文选》分为三品："设论"居首，"史论"次之，"论"又次之。按：古人论著之文，其标题本不必一定加有"论"字。

夫纪事之文，在文集之外者也。

> 此却不一定，古人集外文亦有专发议论者，而集中亦多纪事之作。

---

① "（丙）"，原作"（三）"，据前后章节编次改。

年谱亦属纪事之一种。

年谱之作，以宋人为盛，盖仿史家编年例，纪其一生之事实者。

传有家传。明代凡未入国史馆者，不得为家传。此误。盖传者，传述其事，各传其传可也。

史家虽立《游侠》《滑稽》《货殖》《隐逸》《独行》《孝友》诸传，究竟为官吏纪事者多，为平民纪事者少。故历代文学家，辄多为平民纪事。家传之体，亦私家纪载之不可少者，与正史并行而不悖。有时私家著述，其流传转较正史为彰明。明代不入国史不得作家传之例，实为专制之极，毫无意义。任昉《文章缘起》曰："传，汉东方朔作《非有先生传》。"方望子注云："传有四品：一曰史传，二曰家传，三曰托传，四曰假传。"

行状与传相似，为议谥之用。六朝至唐时之行状，不过加以考语之类。自李翱主张，凡行状不应仅注考语，应详注之。

行状之始作，本为议谥之用，其后用以乞墓志碑表。盖自私谥之说既微，而时王之制又非尊位者不得谥，于是行状之作专以乞志铭碑表者久矣。

碑，为国家大事，刻泐其功，如《裴岑记功碑》之类，然亦纪事也。

《文章缘起》曰："碑，汉惠帝《四皓碑》。"陈无功注云："《说楛》云：'无怀氏太山刻石纪功，此碑之始。'惠帝《四皓碑》，为与臣下立碑之始。"方望子补注云："刘勰云：'碑者，埤也。上古帝王封禅，树石埠岳，故曰碑。'周穆纪迹于弇山之石，秦始刻铭于峄山之颠，此碑之所从始也。然考《士婚礼》：'入门当碑揖。'注云：'宫室有碑，以识日影，知早晚也。'《祭义》云：'入丽于碑。'注云：'古宗庙立碑系牲。'是知宫庙皆有碑，以为识影、系牲之用。后人因于其上纪功德，则碑之所从来远矣。后汉以来，作者渐盛，故有山川之碑，有城池之碑，有宫室之碑，有桥道之碑，有坛井之碑，有神庙之碑，有家庙之碑，有古迹之碑，有土风之碑，有灾祥之碑，有功德之碑，有墓道之碑，有寺观之碑，有托物之碑，皆因庸器渐缺而后为之，所谓'以石代金，同乎不朽'者也。故碑实铭器，铭实碑文，其序则传，其文则铭，此碑之体也。又，碑之体主于叙事，其后渐以议论杂之，则非矣。"按：碑者，悲也，盖指引棺之碑而言。《礼·檀弓》注："丰碑，斫大木为之，形如石碑，于椁前后四角竖之，穿中于间为鹿庐，下棺以绋绕。天子六绋四碑，诸侯四绋二碑，大夫二绋二碑，士二绋无碑。"刘熙《释名》云："碑以引棺也。臣子追述君父之功，美以书其上，后人因焉。"

惟庙碑不纯为纪事。墓碑为一个人者。表亦碑之一种。碣与碑同，不过碑大而碣小耳。

碣，特立石也。方曰碑，圆曰碣。唐制：五品以上用碑，五品以下用碣。

表有表记、表颂两种。表记末无铭词者，表颂末有铭词者。

此指《泷冈阡表》及各墓表而言。

墓志，汉以前不见，晋后则有之，不多见。晋以汉代碑太多，故不许立碑。东晋末直禁止立碑，遂变而为墓志。墓志固瘗于土，为人所不见也。

《文章缘起》："墓志，晋东阳太守殷仲文作从弟墓志。"陈无功注："汉崔瑗作张衡墓志铭。洪适云：'所传墓志，皆汉人大隶。此云始于晋，盖丘中之刻，当其时未露见也。'周必大云：'铭墓，三代已有。薛尚功《钟鼎款识》十六卷载唐开元四年，偃师耕者得比干墓铜盘，篆文云："右林左泉，后冈前道。万世之灵，兹焉是宝。"'然则铭墓，三代已有之矣。"方望子补注："杜子夏始勒文埋墓侧，遂有墓志，后人因之。盖于葬时，述其人世系、名字、爵里、行治、寿年、卒葬年月与其子孙之大略，勒石加盖，埋于圹前三尺之地，以为异时陵谷变迁之防①。而谓之志铭，其用意深远。"

北朝、唐代并不禁碑，似可立碑而不复用墓志。然墓费而碑志省，为经济计，宁存墓志焉。

按：碑树于墓外，使人知有墓，则不至发掘。志瘗于墓中，惧岁久碑失，后人发掘见之，即亦可以知有墓而不更发掘矣，似非为经济计。若必为经济计，则上古墓而不坟，岂不更省？何以既有崇封之制，更不复古来坎地掩之之制哉？

---

① "为"，原误作"有"，据《文章缘起》方熊补注改。

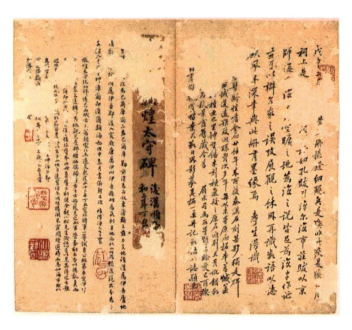

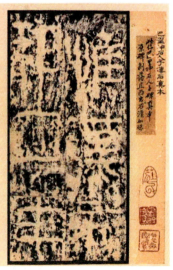

《敦煌太守裴岑纪功碑》，东汉永和二年立，清拓本

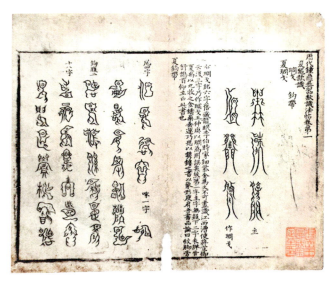

《历代钟鼎彝器款识法帖》，（宋）薛尚功撰，明崇祯六年朱谋垔刻本

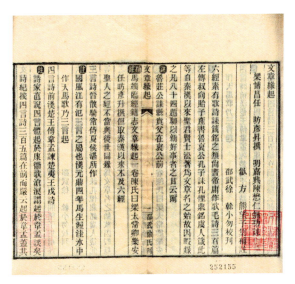

《文章缘起》，（梁）任昉撰，（明）陈懋仁注，（清）方
熊补注，清光绪邵武徐氏刻本

宋后墓志，有但述友人间之交情者。

此踵事增华之风习然也。晋赵逸于碑文、墓志有谀词者，极诋之。实则谀词之文，特欲恃作者之声望以传，非必待后世发掘见志文之后，使人钦死者之功业德行也。宋人于墓志但述交情，可谓不肯谀墓者。

事略，为纪事之文，或纪一事，或就正史中节出。

事略，传之别体。若李元度之《先正事略》，体裁不异于传，其云"事略"者，不敢自比于史也。又如集部中之记某事、记某人、书某事、书某人、与某某轶事等，是事略之又一体矣。

奏，古无此，盖一种公事也。封事亦为公事，特一种密奏耳。

《文心雕龙》曰："奏，进也。""秦汉立仪，始有表奏；王公国内，亦称奏书。至于后汉①，稍有名品，公府奏记，郡将奏笺。记之言志，进己志也。"

方望子注《文章缘起》曰："按：奏疏者，群臣论谏之总名也。奏御之文，其名不一。七国以前，皆称上书。秦初改书曰奏。汉定礼仪，则有四品：一曰章，以谢恩；二曰奏，以按劾；三曰表，以陈情；四曰议，以执异。然当时奏章，或上灾异，则非专以谢恩。至于奏事，亦称上疏，则非专以按劾也。又按劾之奏，则称弹事，尤可以征弹劾为奏之一端也。又置八仪，密奏阴阳，皂囊封板，以防宣泄，谓之封事。而朝臣补外，天子使人受所欲言，乃有事下议

---

① "后"，原脱漏，据刘勰《文心雕龙·书记》补。

者，并以书对。则汉之制，岂特四品而已哉！然自秦有天下，以及汉孝惠，未闻有以书言事者。至孝文开广言路，于是贾山言治乱之道，名曰《至言》。则四品之名，亦非叔孙通之所定，明矣。魏晋以下，启独盛行。唐用表状，亦称书疏。宋人则监前制而损益之，故有札子、有状、有书、有表、有封事，而札子之用居多。盖本唐人牓子、录子之制①，而更其名。上书、章、表，已列前编，其篇目有八：曰奏，奏者，进也；曰疏，疏者，布也，汉时诸王官属，于其君亦得称疏；曰对；曰启；曰状，状者，陈也；曰札子，札者，刺也；曰封事；曰弹事。论其文，则皆以明允笃诚为本，辨析疏通为要②，酌古御今，治繁总要，此其大体也。奏启入规而忌侈文，弹事明宪而戒善骂，此又所当知也。今制论政事曰题，陈私情曰奏，皆谓之本。以及让官、谢恩之类，并用散文，间为俪语，亦同奏格。至于庆贺，虽用表辞，而首尾与奏同。唯史馆进书，全用表式。然则当今进呈之目，唯表与本二者而已。"

表，大约为一个人者，或举荐人时用之。

表者，明也，标也，如物之标表。三王以前谓之敷奏。秦并天下，改为表。有四品：一曰草，谢恩；二曰表，陈事；三曰奏，效验政事；四曰驳，反覆事理。六国及秦汉并谓之上书，汉魏以来都曰表，进诸侯称上疏，魏以前天子亦称上疏。

议，为众所议者，如石渠议礼之类。西汉《盐铁论》，霍光召集多人会议而讨论者。《白虎通论》，亦石渠议礼之类也。

---

① "牓"，原误作"膀"，据《文章缘起》方熊补注改。
② "通"，原脱漏，据《文章缘起》方熊补注改。

石渠阁，萧何所造，藏入关所得秦之图籍。《汉书·施雠传》："甘露中，与《五经》诸儒杂论同异于石渠阁。"即是。白虎殿，在石渠旁。班固与诸儒讲论《五经》其中，谓之《白虎通德论》。固加以撰集，名曰《白虎通义》，《隋经籍志》省称曰《白虎通》。

汉昭帝诏举贤良文学之士，问以民所疾苦，皆请罢盐铁榷酤，与御史大夫桑弘羊互相诘难。桓宽集所语，成《盐铁论》六十篇。

书，上书即奏记，下官与上官者即说贴，寻常友人以书，国际间亦以书。

徐伯鲁曰："书者，舒也，舒布其言而陈之简牍也。"有辞令、议论二体。

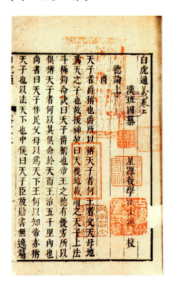

《白虎通义》，（汉）班固撰，（清）汪士汉校，清康熙间刻本

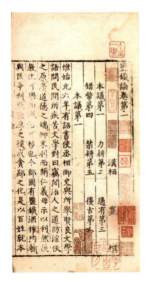

《盐铁论》，（汉）桓宽撰，明弘治十四年涂祯刻本

序，如《四库提要》，即各书之序也。或著者自序。题辞应在文之前，跋应在文之后，盖就"题"字、"跋"字言，应如是也。

序，起于《书序》《诗序》。方望子曰："按：《尔雅》云：'序，绪也。'字亦作'叙'。言其善叙事理，次第有序，若丝之绪也。又谓之大序，则对小序而言也。其为体有二：一曰议论，二曰叙事。宋真氏尝分列于《正宗》之编（真西山纂《文章正宗》），其叙事又有正、变二体。至唐柳氏，有'序略'之名，其题稍变，而其文益简矣。"

序有"书前"之称，跋有"书后"之称。自序亦有称述自身经历事实者，若《太史公自序》即是。

纪事叙事之处，尚有非归于文集者，有数种文体：（甲）数典之文，如官制，周之《周官》、唐之《六典》、明清之《会典》《六典》等，文法摹仿《周礼》；（乙）仪注之文，《仪礼》其初也，唐之《开元律》等俱是；（丙）目录之学，刘向《别录》、刘歆《七略》之后①，有王俭《七志》、《崇文书目》《直斋书录解题》《四库全书》等，要皆本刘向《别录》；（丁）习艺之文，如各种算数书、农事书、医书等俱是；（戊）度地之文，即古之《禹贡》《水经注》《太平寰宇记》，近代《清一统志》《乾隆府厅州县志》《读史方舆纪要》等是。

典制、仪注、度地之文，多归史部；目录之学，附于经部；习艺之文，附于子部；归集部者良尟。

---

① "七略"，原误作"七录"。

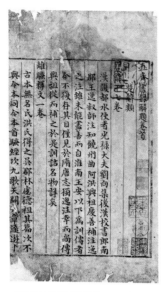 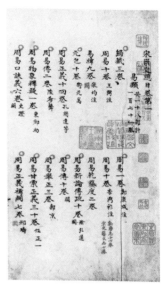

《直斋书录解题》,（宋）陈振孙撰,元抄本 　　《崇文总目》,（宋）王尧臣等撰,清抄本

夫文学家之文章,古无派别也。派别之起自汉,如贾谊、董仲舒、太史公、司马相如、刘向等,以文著名,后之师承者,遂自倾向何方,以有派别,实则古人未尝欲后之人附我而与人抗也。抑古之人以文学家名,未必其文果有出类超群之点,亦有文极好而并不以文学家名者。要之,称为文学家,必综合其品性而称之耳。陆机之文,晋至唐称道弗衰,其文平易而有丰姿,诚难能也。

陆机,字士衡,三国时吴郡人,后入晋。

张燕公、苏许公为骈文之领袖。韩愈、柳子厚以散文著,其实韩、柳固从燕、许之文来也。韩好造字,欧阳修不以为然,以致訾《大戴礼》之"黈纩塞耳,前旒蔽明"而非之,遭人反驳。

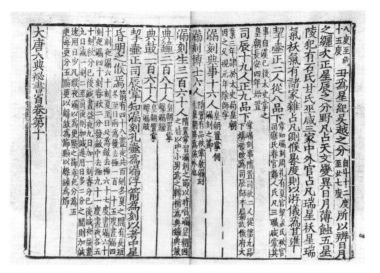

《唐六典》，（唐）玄宗李隆基撰，（唐）李林甫注，宋绍兴四年温州州学刻递修本

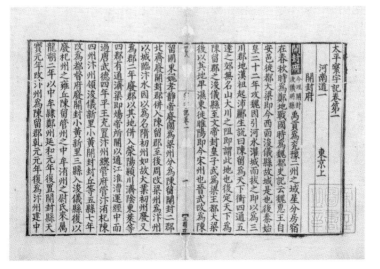

《太平寰宇记》，（宋）乐史撰，南宋蜀刻本

《大清一统志》，（清）蒋廷锡、王安国等纂修，
清康熙内府抄本

燕公张说、许公苏颋，唐明皇时人，时人称为"大手笔"。

按：陆士衡与燕公、许公均以骈文称，今特举之，所以明骈、散之争无谓也。

宋之宋郊、宋祁，文佳而才气不如韩。"八大家"之名起于明，仅有八家乎？亦随集此，以矫当时科举之文之失耳。

宋郊、宋祁兄弟，文名在苏轼兄弟之前。郊后改名庠。祁修《新唐书》，主列传，用字奇涩，为史家所诟病。

明茅坤以唐韩愈、柳宗元，宋欧阳修、苏洵、苏轼、苏辙、王安石、曾巩之文，类为一编，称"唐宋八大家"。清储欣增李翱、孙樵二人，称"十大家"。

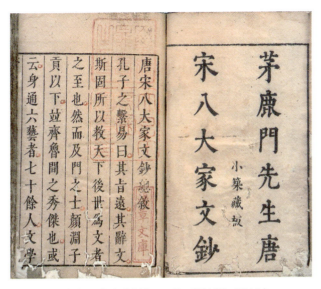

《唐宋八大家文钞》，（明）茅坤辑，明刻本

《唐宋十大家全集录》，（清）储欣编，清刻本

清之桐城、阳湖两派，隐相对峙，而桐城盛。总之，谈文章者，官名、地名宜从今，而亲属等名，考之可信之《尔雅》等。实则不必故讲派别，以起何谓之纷扰也。

"桐城派"之称，至姚鼐（姬传）而大著。盖自方苞（望溪）以古文鸣，桐城人若刘大櫆、梅曾亮等，相继有声于时。姚姬传辑《古文辞类纂》，在一般古文选本中为精洁，因是学者宗之，而桐城俨然成派矣。其后曾国藩（涤生）亦宗桐城，其名位又足以张之。故桐城派古文，直迄清亡而未已。然曾涤生所辑《经史百家文钞》更为精洁，为学者所不能不阅之书。

阳湖派，创自恽敬（字子居），有《大云山房文集》。治古文，得力于韩非、李斯，近法家言，然继起者甚尟。

《古文辞类纂》，（清）姚鼐纂集，清刻本

《大云山房文稿》，（清）恽敬撰，清刻本

第九日讲学记

（丙）①文学之派别

今日续讲文学派别。属于有韵之文。诗，有韵之文也，他如辞赋、箴铭、祭文之类，多属有韵者，而无韵之赋，为特例耳。

> 按：有韵之文与无韵之文，并不得专从句末叶韵不叶韵上分别。大抵文之可以成诵者自有音节，无音节即不能成诵，不能成诵，实不得谓之曰文。《文心雕龙》云："无韵者笔，有韵者文。"阮元据而详言之曰："所谓韵者，乃章句中之音韵，非但句末之韵脚也。六朝不押韵之文，其中奇偶相生，顿挫抑扬，皆有合乎宫羽云。"故专从句末叶韵上别为有韵之文，似未为妥协也。

汉赋不尽叶韵，惟唐人律赋，乃断断于韵脚。宋赋如《秋声》及前、后《赤壁》，间叶间不叶，究竟比律赋高超，然诵之恰有其自然之音节也。

古今纪事之作，而又属于文类，固有绝不能诵者，如图、表、律法、算草等是，是则确为无韵之文也。

诗为绝对有韵之文，且绝对取其叶韵。然亦有人举《三百篇》中不叶韵之作以相难者。清初顾亭林先生等遂精研古音，以

---

① "（丙）"，原作"（三）"，据前后章节编次改。

贾谊《鵩鸟赋》，载（汉）司马迁撰《史记》，南宋建安黄善夫家塾刊本

证《毛诗》无有不叶。其实，古音不通于今，始从阙疑，未足为病。若必强用古音，则呼"天明"为"汀芒"，傅青主已揶揄顾亭林矣，似亦可以不必。学古者原不可胶柱鼓瑟也。然现代之古、近体诗，既作之在《四声韵谱》之后，当叶韵而故不叶，别立一名字以称之则可，更不必强以"诗"名名之也。

屈原之《离骚》，贾生之《鵩鸟赋》等，为有韵文中之有名者。《毛诗》三百篇，分风、赋、比、兴、雅、颂等。

骚，诗之变体也。宋祁曰："《离骚》为辞赋祖。"赋，古诗之流也。汉赋以贾谊赋鵩鸟为始。

《诗序》："《诗》有六义：一曰风，二曰赋，三曰比，四曰兴，五曰雅，六曰颂。"朱注："此一条本出于《周礼》太师之官（《周礼》作"六诗"。孔颖达曰："六义、六诗，其实一也。"），盖《三百篇》之纲领管辖也。'风''雅''颂'者，声乐部分之名也。'风'则十五《国风》，'雅'则大、小《雅》，'颂'则三《颂》也。是为'三经'①。'赋''比''兴'，则所以制作《风》

---

① "是为'三经'"，非朱熹《诗集传》中语。

《雅》《颂》之体也。'赋'者，直陈其事，如《葛覃》《卷耳》之类是也；'比'者，以彼状此，如《螽斯》《绿衣》之类是也；'兴'者，托物兴辞，如《关雎》《兔置》之类是也。是为'三纬'①。盖众作虽多，而其声音之节、制作之体，不外乎此。"

晋代文学家极多，陆机、潘岳为最有名，而张华之诗无力。

潘岳，字安仁，中牟人。张华，字茂先，方城人。

东晋时，有孙绰、许询，俱诗家也。而孙诗至庄，其"太虚辽阔而无阂②，运自然之妙有"等句，蕴藉有味，非易得之佳句。"妙有"二字出佛经。

孙绰，字兴公，太原人。许询，字元度。

刘琨之诗佳，而不常作。

刘琨，字越石，魏昌人。

总之，彼时之诗，或为境遇所迫，而致激昂慷慨。

此正"乱世之音怨以怒，其政乖；亡国之音哀以思，其民困"及"哀心感者③，其声噍以杀；其怒心感者，其声粗以厉"之注脚。

---

① "是为'三纬'"，非朱熹《诗集传》中语。
② "阂"，原误作"关"，据孙绰《游天台山赋》改。
③ "哀心感者"，原误作"哀者心感"，据《礼记·乐记》改。

陶渊明之诗潇洒脱俗，有田舍风味。其写风景妙得自然，不加经意者也。前乎陶氏之诗，写风景者罕见。

文宜高淡，诗亦宜高淡。文高淡者，至《论语》而极；诗高淡者，靖节先生而外，吾见亦罕矣。

谢灵运、颜延之，继陶而起。颜诗固佳，然佶屈聱牙。谢诗句求凝练而无疵。

谢灵运尝袭康乐公，故亦称"谢康乐"。颜延之，字延年，与谢灵运齐名。

宋、齐之间，谢朓，人称为小谢，写风景远而自然。

谢朓，字玄晖，曾为宣城太守，世称"谢宣城"。

梁诗有永明体者，律诗也。以颜、谢之诗不可卒读，故改此体。彼时之律诗，与后时之律诗异。

颜、谢诗多不谐平仄，故佶屈聱牙。齐永明中，沈约、谢朓始严讲音律，五字之中，音韵悉异，两句之内，角徵不同，不可增减，有平头、上尾、蜂腰、鹤膝等称，世称"永明体"。

有《四声谱》，与曲谱同。

东晋以后，文词以声调相尚。齐周颙始作《四声切韵》，梁沈约继之，有《四声谱》一卷。唐以后，科举用诗赋取士，韵书有官定之本，而四声遂为功令。

《文选》中有南朝诗，无北朝诗，而《木兰从军行》，固北朝诗也。

　　古乐府《木兰篇》，不著作者名氏。程大昌《演繁露》据"克汗大点兵"语①，以为隋唐人。然何承天《姓苑》已言"木兰，任城人"。承天，南北朝时人，是程说不可据。鲜卑君长称"克汗"，亦非起于隋唐也。《独异志》载木兰花姓，商丘人，与《姓苑》亦异。其云花姓，恐不免依托也。

何逊、阴铿等之诗，非全篇尽佳，不过有几句佳构耳。

　　何逊，字仲言，东海郯人，官于梁。与阴铿并以能诗名，时号"阴何"。

　　阴铿，字子坚，武威人，官于梁。

隋杨素，武人也，又为奸雄，然诗极好。时一般诗人太清淡，而杨则气势雄壮，不加雕琢，便觉为佳矣。

　　杨素，字处道。

如"空梁落燕泥""庭草无人随意绿"等句，真为警句，众便称之。

　　按：唐刘𫗧《隋唐嘉话》云："炀帝善属文，而不欲人出其右。司隶薛道衡由是得罪。后因事诛之，曰：'更能作"空梁落燕泥"否？'"又云："炀帝为《燕歌行》，文士皆和，著作郎王胄独不下帝，帝每衔之。胄竟坐是见害，而诵其警句曰：'"庭草无人随意绿"，复能作此语耶？'"

---

①　"克汗"，《木兰辞》及程大昌《演繁露》原均作"可汗"，字异而意同。

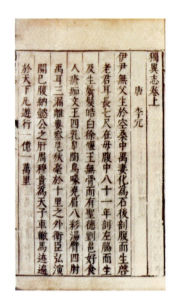

《独异志》，（唐）李冗撰，明万历间会稽商濬刻本

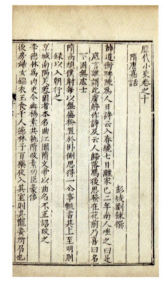

《隋唐嘉话》，（唐）刘𬤇撰，明万历间李栻辑《历代小史》本

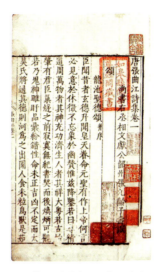

《张曲江诗集》，（唐）张九龄撰，明嘉靖刻本

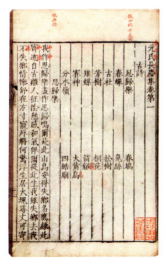

《元氏长庆集》，（唐）元稹撰，明嘉靖三十一年董氏茭门别墅刻本

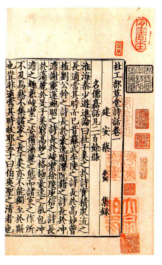

《杜工部草堂诗话》，（宋）蔡梦弼集录，宋刻本

夫诗随时代以变迁，古今不能相同也。唐初无律诗，后有似律诗而不甚费力者，如五律诗等是。沈佺期、宋之问等，气魄不大。

沈、宋在武后时咏明堂火珠，沈以结句"不愁明月尽，自有夜珠来"胜宋而享大名。究竟沈平日之诗，实不及宋。此所谓"文有一日之长短"①，而考试之不足以见真实学问也。

夫文穷则变，诗亦有然。四言诗将穷，则进而为五言诗；五言诗至唐而穷，则进而为七言律诗。然初倡者必苍苍茫茫。张九龄、陈子昂、李太白三人之诗，为复古者。陈诗与古绝似，几不能辨为齐梁以下之时之诗。其实此时之诗，都渊源于陶渊明也。李之律诗极少，气极高。复古之诗，至李而达极端矣。

四言诗，自"明良""五子"之歌载在典谟，至三百五篇而极，汉魏六朝不复能有嗣响。若束皙之《补亡诗》，词气即浅薄不自然之甚矣。然而五言诗在汉魏六朝间却极其遒美，今所传《古诗十九首》等，亦绝非后世所能几及也。唐以五律试士，是为五言诗日趋浮肤之原因，而七律始盛。由初而盛而迄中、晚，七律亦复流于繁靡。宋人于诗，不能振作。降及元代，由词而曲，纤巧殆极，而高淡之作，鲜有闻焉。此诚由质而文之必然趋势，而由浑厚以趋轻薄，朴实以趋浮夸，其中得失，未必确为进化而不为退化也。

元稹之诗，比杜工部高，而排比者与汉代之赋相近。杜诗诘屈

---

① "短"，原脱漏，据文意补。

聱牙，多不可解。盖古人之才力厚，后人之才力薄也。昌黎之诗好用典。韩与杜相同，而韩远不如杜。柳子厚作文极雕琢，诗殊不经意。

> 按：无论何种之文，只宜引用成语，而不宜于用典。庾子山辞赋，在六朝为中下品，即以用典过多之故。韩、杜诗病，亦即在此。

宋代之诗，则喜对仗。唐代作诗，好用佛经中字。王荆公喜律诗，以《汉书》字为对，无甚意味。然"白法调狂象[1]，玄言问老龙"之句，固工而厚焉。其以字偏旁为对，如"何言汉朴学，反似楚枝官"之句是。盖唐诗自然，而宋诗则强以字对矣。

> 宋诗承晚唐纤巧之习，对仗愈工，即气味愈薄。

宋《沧浪诗话》云："诗有别才，非关学也；诗有别趣，非关理也。"此说极是。盖诗亦不可勉强也。

> 《沧浪诗话》，宋严羽撰。其论诗以禅为喻，大旨主于"妙悟"。

范石湖、刘后村，亦诗家也。

> 范成大，字致能[2]，号石湖居士。刘克庄，字潜夫，号后村。

夫江西派之诗，七律佳而五律则否，且起首两句总对仗者。

> 吕居仁作《江西诗社宗派图》，宗派之祖曰黄鲁直，次陈师

---

① "象"，原误作"像"，据王维《黎拾遗昕裴秀才迪见过秋夜对雨之作》改。
② "致能"，原误作"正能"，据《宋史·范成大传》改。

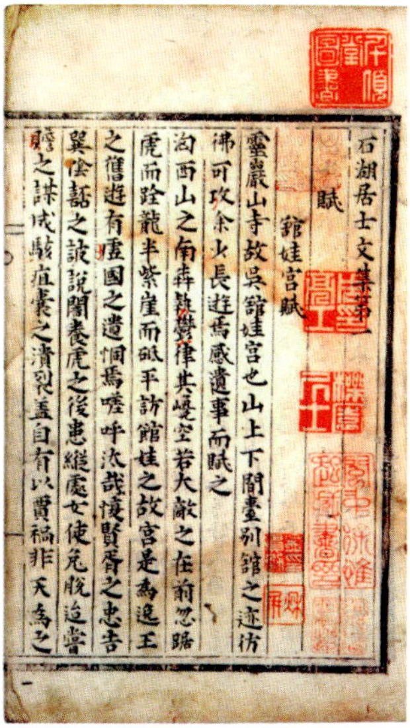
石湖居士文集第一
賦
館娃宫賦
靈巖山寺故吳館娃宫也山上下閣畫別館之迹彷
彿可攷余少長遊焉感遺事而賦之
洶西山之角犇驚律其嶁空若大敵之在前忽踞
虎而跧龍半紫崖而砥平訪館娃之故宫是為追王
之舊遊有霸國之遺恫焉嗟呼汰哉陵賢胥之忠言
巽佞嚭之詭説闔養虎之後患縱處女使充腕迨嘗
膽之謀成駭疽囊之潰裂蓋自有以貫禍非天為之

《石湖居士集》，（宋）范成大撰，明弘治十六年金兰馆铜活字印本

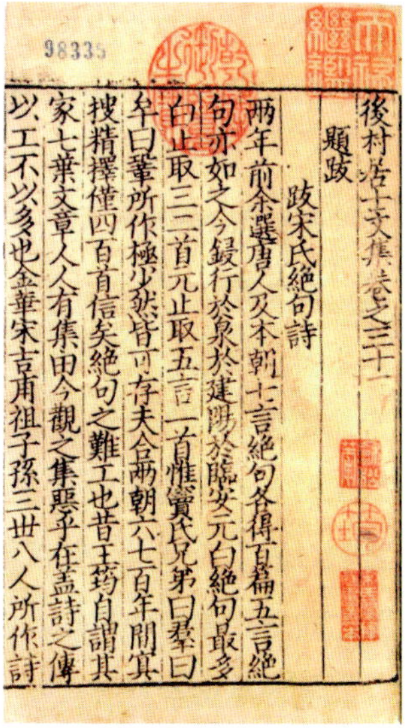
後村居士文集卷之三十一
題跋
跋宋氏絶句詩
兩年前余選唐人及本朝七言絶句各得百篇五言絶
句亦如之今鋟行於泉於建陽於臨安元白絶句最多
白止取三二首元止取五言一首惟竇氏兄弟曰羣曰
牟曰鞏所作極少然皆可存夫合兩朝六七百年間宜
捜精擇僅四百首信矣絶句之難工也昔王荊自謂其
家七葉文章人人有集由今觀之集惡乎在盖詩之傳
以工不以多也金華宋吉甫祖子孫三世八人所作詩

《后村居士集》，（宋）刘克庄撰，宋刻本

道，凡二十五人①，居仁亦其一。其中何觊②、潘大观有姓名而无诗，王直方诗绝少，又无可采，且非江西人，不知居仁标此派别为何意。

明代之诗华美。

明诗承元代纤丽之习，惟刘伯温、高季迪风骨高迈，志在汉唐。明初诗人，自以二公为冠，袁凯、杨基次之，张以宁、徐贲、

① “二十五”，原误作“三十五”，据胡仔《苕溪渔隐丛话》前集卷四十八、魏庆之《诗人玉屑》卷十八改。

② “何觊”，原误作“何颙”，据胡仔《苕溪渔隐丛话》前集卷四十八、魏庆之《诗人玉屑》卷十八改。

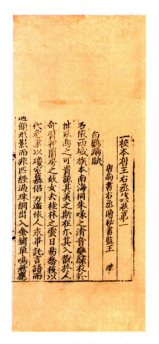

《须溪先生校本唐王右丞集》，（唐）王维撰，（宋）刘辰翁评点，元刻本

《王摩诘诗集》，（唐）王维撰，（宋）刘辰翁、（明）顾璘评，明末吴兴凌濛初朱墨套印本

张羽又次之。其以高、杨、张、徐为明初四家，又以高与王行、徐贲、张羽、高逊志、唐肃、宋克、余尧臣、吕敏、陈则为北郭十子，非通论也。永乐后，崇尚台阁体，李梦阳①、何景明等起而振之，与徐祯卿、边贡、王廷相、王九思、康海共号"七子"。"后七子"为王世贞、李于麟、谢榛、吴国伦、徐中行、宗臣、梁有誉。又有"闽七子""粤五先生"之目。究竟骨力脆薄，未

———————

① "李梦阳"，原误作"李东阳"。

免有春华而无秋实耳。

王士禛、朱彝尊、查慎行等，亦诗家也。彼时之诗，注重考据，无谓已极，失诗之气味矣。有作对仗诗者，如"足以乌孙途上茧①，头几黄祖座中枭"两句，工则工矣，气息全无，活趣索然，视白话诗益不如矣。

> 王士禛，字贻上，号阮亭，别号渔洋山人。朱彝尊，字锡鬯，号竹垞。查慎行，初名嗣琏，字悔余，晚号初白。

古代之诗全篇俱佳，晋代则间有好句而可以圈出者，明、清以对仗之工者为佳句，后则不可问矣。欲作诗，须读诗，然天才亦要紧。至无韵之诗，吾亦应为一述，昉于何时。唐史思明倡之，其来华也，学作诗，不能，则强为之曰："樱桃一篮子②，一半青，一半黄。"鄙俚已极，可笑甚矣。世有欲为无韵诗者，其当奉史思明为鼻祖。

> 史思明以樱桃寄其子，附以诗曰："樱桃一篮子，半青复半黄。一半与怀王（思明子），一半与周贽（怀王傅）。"左右曰："圣诗极美，惟后二句稍一移易，则叶韵更佳。"思明大怒曰："我儿岂可令在周贽之下！"

---

① "途"，原误作"涂"，据洪亮吉《北江诗话》卷一改。
② "樱桃"，原脱漏，据叶梦得《避暑录话》卷上补。按：叶梦得谓此诗为安禄山所作。

第十日讲学记

国学之进步

国学之进步，要可分为三种。

经学以比类知原求进步。夫求学而以略明大致，即为满足，此清代之曾国藩、张之洞辈，为官而不能悉心求学者则然，清代所以缺乏好文学家也。如欲真为学问起见：（甲）为教员者，参考互证，析疑问难，所谓"温故知新，可以为师"①，然此未必有独特之发明者；（乙）学者，不仅如上所述，必依前人之条理，而更有所发明，以成新条理，使众人认为学者。夫昔之讲经学者，要将前人所述之事迹原理讲解清楚，即是。其实，讲经学不可与史学分：但究史学而不明经学，不能知其情理之所在；但究经学而不明史学，亦太流于空论，不能明其源流也。且读史必读全史，而后能明一代之史。经，亦史也。吾谓比类知原者，即究经学时，可以《汉书》等而印证之。书各有本，如官制之原于《周礼》，仪典之原于《仪礼》，纪事书之原于《春秋》，年表、本纪，事亦本于《春秋》。又如讲地理，不可不问沿革，盖知沿革而可以知其所变，风俗道德亦变。讲史学者，不可不溯其开原之处。经，即最古之历史也。如此言之，适与泰西之社会学相似。

---

① "可"，原误作"而"，据《论语·为政》改。

《礼记》，（汉）郑玄注，（唐）陆德明释文，宋淳熙四年抚州公使库刻咸淳九年高梦炎重修本

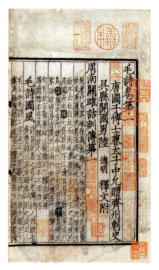

《毛诗》，（汉）毛苌传，（汉）郑玄笺，（唐）陆德明释文，宋刻本

然社会学之范围广，而史之范围狭，此其异焉。总之，讲学最忌者，第一武断，第二琐碎。必也求明其大体，斯可矣。

张冥飞曰：按："经学以比类知原求进步"，即是太炎先生所自述其为学之法以教人者。但经学在昔，已为穷年莫殚、毕世莫究之学。历代传注之聚讼，更使学人有无所适从之感。比类知原，谈何容易。若非十年二十年研索之功，则群书既不能遍为涉猎，而见解亦不能精于择别焉。故今日为学之难，有使人望而却步者。要知无论何种学术，皆有普通与专门之两境。言专门，则必依前人之条理，而更有所发明，此为毕生惟一之学。此非其人性情相近，恰有独嗜，则研索必无兴味，亦必迄无成功，是不可以勉强行之者也。若言普通，则所谓求明其大体也。然参考互证，析疑辨难，亦非十年以往之潜心研索不能。是以今之人，一蹴而不能几，遂放弃不复讲，甚者乃诋毁之，不遗余力，盲昧狂躁极矣。往者于诸葛孔明之"读书观其大略"，陶渊明之"读书不求甚解"，尝以为真是吾人之普通读书法。盖"观其大略"者，略节目而取其纲领；"不求甚解"者，但求吾之心得，而尽阙其疑。此真善读书者矣！盖吾人之读书，究竟所为何事，大概"明理"与"致用"二者尽之矣。"明理"所为何事？则我之所以"立身"；"致用"所为何事？则我之所以"行道"。"立身""行道"之根柢何在？古所谓"多识前言往行，以畜其德"者是也。"前言往行"何在？则古之遗经外，无从追索矣。经所不备，乃索之于史，史所记之是非善败而了然于心，乃泛滥于诸子百家之言，以穷其变，而"立身""行道"之法备矣。其斯乃可谓之"通人"，否则不通。不通者，宜一事不能办，而况乎其去不通之程度，尚在数千万里以外者哉！人之自待，总不可妄自菲薄。千秋之业，虽未必尽人所能成，而在我固不可无千秋之想。立功之事，时会为之，我不能强；而立言、立德，则可以任吾自为者矣。故有其实而有其名者，宜也；有其实而无其名，在我已为不虚生于人世；若无其实而幸有其名，是曰窃盗；至于无实无名，则奄然与草木同腐朽而已矣。是以我人以立身、行道而求学，将必以经史植其根柢矣。不揣鄙陋，敢布平日读书之一得，述之于次。

《易》之为道，古圣人有忧患而作，"立身"之义，最为完备。孔子之《文言》《系词》极为明白，不烦再为征引。学人但求其所以尽其在己者，其如何合乎天道，可不必问也。至于卜筮、趋避之说，尤可置而不讲，盖乾之何以为马，坤之何以为牛，乾之何以为寒、为大赤，坤之何以为吝啬、为大舆，象之所以象者，精而求之，自有其所以然之故。知之固佳，不知固亦无所害也。若必劳精疲神以穷之，穿凿傅会以张之，实无谓矣。

《书》为古史，吾人但观其一代之政治典章而已足。

《诗》之为教，曰"敦厚温柔"，则涵养性灵、发挥情感者也。

《礼》本人心以为之节文，古所以范围人心者也。吾人但于从宜、从俗处，研求其所以然。

《春秋》，鲁史也。孔子"笔则笔，削则削"，是私家之著述矣。"微而显，志而晦"，是立言之体如是也。若是非善败之迹，吾人亦惟与后世诸史同观。惟所以辨是非、明善败者，圣人论人于微，所以增吾人之识者，不可以不注意。

哲学以直观自得求进步。晋之清谈，理虽高而不足征。宋之理学，渐有征矣，然不多读书，而从事注经，绝少直观自得。清代讲学，但从文字上求之。即如陈兰甫之著书，论道德仁义，亦仅能说宋儒之错。明王阳明等，各本所思而为学说，所想不同，而归宗仍一，所谓"殊途而同归，一致而百虑"焉。西人之哲学，佐证极少，不过论理圆满，文章周到，而较精密耳。凡学问之道，他种不能走两极端者，独哲学则可走两极端。然极端之论，除讲学于学校外，无所用之。彼讲天文者，推算太阳之距离、速率、渺茫难证，然亦止可如此。若夫心则不然，固可印证焉。如不求直观自得，恐亦不过如朱子之说书耳。

张冥飞曰：诸子百家之类，皆是循曲径以求通者。求之而通，则与人类共同进步之正轨合；求之而不得其通，则所谓异端害正者，即是引人类入于歧趋故也。人类共同进步之正轨，始于生活而极于道德。太古之初，人与物皆以食为急急，住次之，衣则人所独而最后者。其时天然之产甚多，人物之智，所以谋食、住者，无虑其不足。及渐生渐繁，物或以人为粮，人亦以物为粮，而搏噬残杀之智，自然增进。物之智不及人，故人终战胜一切之物。食、住与衣，亦都有其标准。及乎人之生产率日益繁多，其搏噬残杀之智，遂于同类中行之。人其或者不及禽兽之爱其群矣。故不得不为之政刑以束缚之，为之礼教以陶淑之，所以齐一人心，使之共趋正轨。是故万事之原，基本于孝，而发皇于弟。故立身以仁，而行道以恕，所谓中庸之道。世界但有二人以上之社会，不能逃此而别有其相处之法。孔子述而不作，即是就孝弟仁恕之义，重言以申明之，诚以孝弟仁恕也者，非一人之私言，而人人所能知而能行者也。故无论其为草昧初启，乃至世界大同，舍此孝弟仁恕者，终无以范围群众之人心，而使之相安于无事。盖孔子之不可及者，即在于此。若夫诸子百家之言，偏激诡随者有之，轻率诞妄者有之，立说未尝不辩，而似是而非者太多（犹"藏三耳"之类），言之亦未始不成理，而知其一不知其二，见其小未见其大者，又其常也。究其立言本意，未尝不若于中庸之难能，而欲别辟以途径，以求其捷达。然而正执一失，利未见而害已形，比比皆是矣。近日欧洲杂说，浸淫中国，始有"哲学"之名①，而一一推究其立言之所以然，多不出乎吾国诸子百家所已发明者之外。特诸子百家言之或简，今则言之綦详。而一切对于国学毫无根柢之人，诧为闻所未闻，见所未见。犹之佛说较详于墨子，在南北朝政教两无之世，自不得不惊怖其言。更如明清之交，鼠目寸光之时文朋友太多，斯金圣叹之论灯光，从极微处研究，而群讶为天才也。总之，诸子百家之言，未必不足为政教之一助，然人类共进之正轨，则终非极端主张孝弟仁恕之义，不能使人人由之而无所害也。

文学以发情止义求进步。情出乎自然者也，义即法制。桐城派于文章特立法度，如吟诗之有格律，亦止于义之道也。虽然，文有发乎情而不能以法度制者，如侯朝宗、魏叔子等。明末遗民，抑郁不平，其文有情而极少法度者矣。黄黎洲、王船山诸氏亦然。顾亭林谓："韩昌黎欲因文而见道。"夫韩之碑版甚多，见道极少，然

---

① "学"，原脱漏，据文意补。

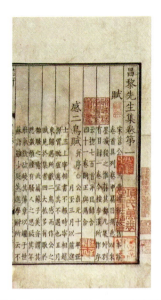

《昌黎先生集》，（唐）韩愈撰，宋咸淳廖氏世彩堂刻本

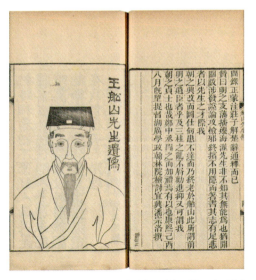

《船山遗书》，（清）王夫之撰，清同治四年刻本

《书张中丞传后》，为不得已而作也。东坡之文好翻案，实则揆诸当时情形，未必吻合。盖文章之有情而无规则者极多，有规则而无情者亦不少。人谓章太炎为正统派，此非余之欲主正统，盖为文而不先绳以法度，恐将画虎不成而反类狗，曾不如守法度，而遇情生时下笔为文，则庶几矣。大抵古人情浓，故文每见佳，近几年则难及之矣。

张冥飞曰：文之大别，曰纪事，曰纪言。而我之所以纪此事、纪此言者，必有一主旨，亦必有一感想，大概不外乎写情与写景二者矣。而写情焉，写景焉，我以一时之感想，而欲发挥我之主旨，即所谓发情之说也。一事一言之属为我纪者，而写情焉，写景焉。我感想之所至，自有其限度，而主旨之所迄，亦有其范围。不越乎限度及范围之外，即法制也。即偶有超出限度、范围之外，而仍不得不归宿到限度、范围之中，所谓神明于法制也，即所谓"止义"之说也。桐城派极讲法度，所以使矜才使气者敛而就范，则矜才使气者之药石也。侯、魏、黄、王之文，超轶理法，所以使平塌肤庸者开阔心胸，则又平塌肤庸者之针砭也。故文无定法，学者苟自知其病之所在，以求良治，则庶乎其可矣。

附 录

《申报》系列报道辑录

《省教育会请章太炎先生讲国学》（1922 年 3 月 29 日）

▲四月一日起，逢星期六开讲。

省教育会通告云："敬启者，自欧风东渐，竞尚西学，研究国学者日稀。而欧战以还，西国学问大家，来华专事研究我国旧学者，反时有所闻。盖亦深知西方之新学说，或已早见于我国古籍。借西方之新学，以证明我国之旧学，此即为中西文化沟通之动机。同人深惧国学之衰微，又念国学之根柢最深者，无如章太炎先生，爰特敦请先生莅会，主讲国学，幸蒙允许。兹经先生订定讲题及讲演日期时间，附开如后。至希察阅，届期莅会听讲为盼。专颂台安。江苏省教育会启。三月二十八日。"

（讲演期）四月一日（星期六）起，每星期六午后，准四时二刻开讲。有志研究者，并得于讲学后质疑问难。志愿听讲诸君，务请于四时二十分齐集。

（讲演顺序）第一次论"国学大概"，第二次论"国学派别"。凡志愿听讲诸君，幸先自审量对于国学确有研究之兴味，并能按期准时听讲不至中辍者，即日开示姓名，预向本会报名，以便预留坐位。

1922 年 3 月 29 日《申报》刊登《省教育会请章太炎先生讲国学》

《愿听章太炎先生讲学之拥挤》（1922 年 4 月 1 日）

江苏省教育会自本日起，每星期六下午四时二刻开始，延请章太炎先生主讲国学，已志前报。兹悉预函报名志愿按期赴会听讲者，竟有五百余人之多，而该会会场只能容纳三百五十人，故报名较迟者，已专函止驾。其已留座而未领听讲券者，须于下午三时以前到会领取，无券概不招待云。

《章太炎讲学第一日纪》（1922 年 4 月 2 日）

江苏省教育会以国学一道，亟应研究，但主讲之人，殊难其选。章太炎氏为国学泰斗，近经商定，邀于每星期六日主讲。昨日为第一日，四时许，听讲者先后到会。四时半开讲，男女共约三四百人。沈信卿君致词，大致谓太炎先生之学问，夫人而知，不俟再赘。今日开讲，预备时促，筹备不周。来听讲者众，深恐座位不敷，至为抱歉。夫西人近来研究我国哲学，吾人对于我国自有之学转置不问，良可惜也。今请太炎先生主讲，此后或能将此学问传布世界，则于中国文化前途极有关系。惟讲时简要，仍盼各自研究而发挥之。下次地点，或更觅较宽之所焉。众鼓掌。章太炎氏登坛主讲云：今日讲"国学大概"。先说在日本及北京讲学之经过，次论讲学之难易，次言讲学须对症发药。讲至此，遂书明所讲"国学大概"之标题：（一）国学之自体：（甲）经史非神话；（乙）经典诸子非宗教；（丙）历史非小说传奇。（二）

《申报》1922 年 4 月 2 日刊登《章太炎讲学第一日纪》

治国学之法：（甲）辨书籍真伪；（乙）通小学；（丙）明地理；（丁）知古今人情变迁；（戊）辨文学应用。依次讲述，将"国学之自体"讲完，时已六时有余。沈信卿君谓：今日讲时已久，余俟下期续讲。众鼓掌。方讲述时，全堂三四百人，静肃无哗。而讲述时，引经释典，非常清晰，故听者殊有兴趣焉。所讲述者，另有纪录员纪录，以便整理，送由章氏核阅，以便发布云。

《愿听章太炎先生讲学者注意》(1922 年 4 月 4 日)

江苏省教育会延请章太炎先生主讲国学，已迭志本报。兹悉四月一日第一期开讲，报名者竟有六百余人之多，临时到会者又有一二百人，而该会会场狭小，仅能容纳三百五十余人，致后到者均不及招待。现该会为谋推广坐位起见，已商定迎薰路中华职业学校附设之职工教育馆内，计可容坐位千人，已通告于四月七日以前继续报名领券，发券至一千号为止。查迎薰路系新辟马路，交通亦甚便利，自中华路经旧尚文门向南，即抵该路，车马可直达该校门首云。

《章太炎今日继续讲学》（1922 年 4 月 8 日）

▲地点：尚文门外职工教育馆　　▲时间：下午四时半

江苏省教育会敦请章太炎先生主讲国学，第一期已于本月一日举行。嗣因报名听讲者异常踊跃，决定自第二期起，改在尚文门外迎薰路中华职业学校附设职工教育馆内开会，声明扩充坐位至一千人。注意国学诸君得此消息，争先前往索取听讲券，至昨日下午已满足一千人，可谓盛矣。本日为第二期讲演，仍于下午四时半开始，听讲者须于四时二十分以前齐集职工教育馆云。

《章太炎讲学第二日纪》（1922 年 4 月 9 日）

日昨为江苏省教育会延请章太炎氏讲学之第二日，因省教育会地点不敷容坐，故改在陆家浜中华职业学校内职工教育馆。四时许，男女听讲者先后前往。至四时半，章氏登坛讲述。是日到者约四百余人，备有蓄声机，于重要名词，用机传达，以便座后者闻之清晰。开讲时，先由沈信卿氏报告改在职工教育馆之原由，并谓此间可容一千人，愿报名来听诸君继续到场，幸勿间断。次章氏主讲，续前"国学大概"。其第一段"国学之自体"，上次已讲，今日续前讲述"治国学之法"，内分五目：（甲）辨书籍真伪。大致谓古时书籍多，学问亦杂，如经、史、子、集，除集部中伪造者较少外，而经、史、子则鱼目混珠，伪造者不可胜纪。如彼伪造之书，真令人走入迷罔。姚际恒著有《古今伪书考》，略将伪书指出。盖经部伪书已不少，如《尚书》五十八篇，内二十五篇系晋代枚赜所伪造，至宋而知为伪，揭破之，然受欺者已千余年矣。夫人之所以受其欺者，为其所伪造尚近情也。明代伪书极多，如子贡《诗传》系丰坊所造，然无价值者。郑康成之《孝经注》、《孟子》孙奭《疏》均伪。正史不敢伪造，而别史则伪者多矣。《吴越春秋》《越绝书》，皆伪书也。《越绝书》托名子贡著，实则为汉袁康伪造。《汉魏丛书》中之《汉武内传》《飞燕外传》，类系宋代人所造，此书当时或认为真，而今则知为伪矣。子部中伪本极多，吾人所知者，如《吴子》《列子》《文子》《关尹子》《孔丛子》《黄石公三略》等，前三书略可信，而后三书则全不足信矣。《吴子》中之器具，有为现在所无者，此必六朝时人造。《列子》殆剿袭《淮南子》。《文子》要为晋代人所造。《列子》文章极好，亦圆满。然此种说法，一看佛经，便能了解。盖列子有其人，而书则伪造焉，此书虽系伪造而极好。何以知其伪？以汉时人无引《列子》语者。《关尹子》不足论。《孔丛子》比《关尹子》略好，大约魏晋时人所造。又《孔子家语》为王肃所造。《黄石公三略》为唐代人所造。《太公阴符经》亦为伪造，系唐代李筌所造，此书恐在《黄石公三略》之后。夫欲讲哲理，虽伪书亦无妨；而考据之学，则差之毫厘，谬以千里矣。康有为谓汉以前之书，尽被王莽、刘歆所删改。此太武断，不足信。总之，真与伪，须自辨，不能一概论，在人自抉别之耳。（乙）通小学。韩昌黎云："凡欲作文，须略识字。""识字"者，通小学也。《尚书》周《诰》、殷《盘》，为当时之告示。今读之，则佶屈聱牙矣。《汉书·艺文志》云："《尚书》，直言也。""直言"，即白话也，故《尚书》为当时之白话，或者为各地之土话，故后人听之不易明矣。《汉书》有云："《尚书》读应《尔雅》。"以《尚书》中字不可解者，则于《尔雅》中求之。总之，愿读唐以前之书，须明小学，方易上口。宋以后，则与今无甚异矣。小学可分为三种：一、训诂，如《尔雅》；二、形体；三、谐声。朱文公好讲古书，不明小学，以致大错。如"格物"释为"穷物"。夫"格"训为"来"，"来"训为"至"，"至"训为"极"，"极"训为"穷"，辗转训诂，不明小学者，不能无误。又讲"主一无适"，"适"本与"敌"通，"无适"，"无敌"也，乃取"走"义而为"无走"，不亦可笑乎？夫韩、柳之文，都通小学，故多佶屈聱牙处，盖亦彼时之土语耳。清桐城派略懂小学，然古书中不甚可解者，宁不用之。夫讲哲学，可以不通小学，然必古语完全不引，若欲援引古语，则仍不能不通小学焉。时已五时四十五分，因六时职业学校须用会场，故即止，余三段容下期续讲。散讲，已近六时矣。

《章太炎讲学预报》（1922 年 4 月 12 日）

▲提早半点钟。

章太炎氏讲学第三期，定于本月十五号，仍在职工教育馆。惟时间须提早半钟，定于是日午后四时起。凡听讲者须于三点五十分钟到场云。

《章太炎讲学第三日纪》（1922 年 4 月 16 日）

江苏省教育会延聘章太炎氏讲学各节，曾纪本报。昨日为第三次讲学之期，仍在陆家浜职工教育馆，午后四时开讲，续前"国学大概"中之第二项"治国学之法"。（丙）明地理。谓地理本为补助他种学问之一科学，故欲贯通他种学问，不可不通地理。地理有天然、人为二者。天然者尚易讲，如古今山川，变化极少，试观古籍，亦可知其大概。而人为者则难矣，例如郡县沿革，自古迄今，不知几千万变矣。春秋封建也，而秦置郡县。今之人，于古之大区域之郡，尚能知其梗概，而小区域之县，遂不易辨别，至沿革则更非容易。故中国讲地理之书，关于天然的，如《水经注》《水道提纲》等；关于人为者，如《方舆纪要》《乾隆府厅县志》等。夫后之讲地理，必以现在为本，而说某处即古之某地耳。唐代有《元和郡县志》，考究不甚分明，曾不如后来者之明白，然此犹属官书中之可信而不讹者。又《李申耆五种》，古代亦有，特较简而已。要之，读古文，往往与地理有关系。如春秋战国时代之晋、楚等，易明者；至其细处之形势，则不易明。然不明地理，将何以知其胜败之原因？夫汉代书中之地理尚易讲，所难者为南北朝。以彼时南北互迁，有所谓"侨置"者。北人南居，往往题为某州，州之下分郡，郡之下分县，县有仅为数人者。州之名，有"青州""兖州"等名目，此在今之镇江地方。若误为山东之"青""兖"，不亦大谬乎？元代地理，扩大及于塞外。《元史译文证补》一书，讲地理尚佳，以其博证海外故也。彼不明地理而讲地理者，最易错误。如《水经注》，于北方之地理尚明，而南方之地理则不合。又如郑樵，闽人也，著《通志》，讲地理极粗率。盖中国之大，地名不能无相同者，设误甲地为乙地，不亦可笑耶？又有名地而实与所名之地相隔者，诸葛亮《出师表》"五月渡泸"之"泸"字，与今之"泸州"相去千有余里。必读者深考其所以当时之"泸"与后之命名"泸州”，则庶几矣。此外如典章制度，亦须明白。特其较易，故不及之。（丁）知古今人情变迁。社会变迁，人情随之不同，此其故，由于风俗、习惯、物质之有变化故也。彼粗心者易犯两病，一则理学先生认天不变，道亦不变，不知道德亦随时而变也。盖伦理道德不变，而社会道德实变。盖政体不同，则风俗不同，风俗不同，则道德亦随之不同。例如封建时代近贵族制，而郡县时代则近平民制矣。且古之所谓“家”，非一夫一妇的数口之家，实“百乘之家”“千乘之家”之“家”也。故《大学》云：“欲治其国者，必先齐其家。”其“家”不可教，而能教人者无之。“家”，即“大夫之家”也。然唐太宗家庭大变，不可谓能“齐家”矣，而“治国”极好。此可见道德之说，亦宜审究。一则古时之贵族制盛，故周公之摄政，自称为王，晁错之被诛，见弃六国，以云道德，究竟孰是孰非乎？其时之所谓是者即是，其时之所谓非者即非，道德果千古不变乎？有因父母之丧而去官者，有不去者，甚有因长官、师长、妹妻而丁忧者。风俗之所关，当时不以为异，而后人见之，不觉失笑。故读古书须扩大胸襟，不可拘泥也。（戊）辨文学应用。文学之源流，言之长也，今日姑置。文体亦极纷繁，容俟别论。《文心雕龙》一书，固专讲文体者。自来骈体、散文之讼案，各按一理，百世而不能决。韩、柳主散文，宋儒攻骈体至烈，然有挟孔子之《文言》与《系辞》为驳者，此皆不必。文章之妙，不过应用。白话体可用也，发之于言，笔之为文；更美丽之，则用韵语。如诗赋者，文之美丽者也。约言之，叙事简单，利用散文；论事繁复，可用骈体。不必强，亦无庸排击，惟其所适可矣。惟今之新诗，连韵亦不用，未免太简。以既为诗，当然贵美丽；既主朴素，何不竟为散文？日本和尚有娶妻者，或告之曰：“既娶矣，何必犹号曰和尚，直名凡俗可耳。"今之好为无韵新诗，亦可即此语以告之。古之白话，直书于书者，如《尚书》"奠丽陈教则肄，肄不违"，清江艮庭谓多一"肄"字。此因其口吃而叠语之，如《汉书》"臣期期不奉诏""臣期期以为不可"之类，举直书白话者也。今之曲尽其力，以描摹白话，真不知白话之应用者矣。是日章氏讲解颇多趣语，听者无不捧腹，以其趣语要都从经、史中证明出来故也。六时停讲，下次讲"派别"云。

《章太炎第四次讲学预报》（1922 年 4 月 22 日）

▲今日午后四钟，仍在职工教育馆。

江苏省教育会延聘章太炎氏讲学，业经三次，详纪前报。兹悉今日午后四钟，仍在南市陆家浜职工教育馆讲"国学之派别"。凡前此报名人员，应继续前往听讲。即有志研究国学而前次未及报名者，亦可即为报名，领券入座听讲云。

《章太炎讲学第四日纪》（1922 年 4 月 23 日）

江苏省教育会延聘章太炎氏讲学，昨日为讲学之第四日，仍在职工教育馆。原定四钟开讲，因章氏车行中途为行人阻塞（大约为周扶九父子之大出丧所阻，可见无谓之大出丧，不但劳民伤财，且妨讲学），到馆开讲，已四时有半矣。章氏登讲坛，众鼓掌。章氏云："国学概论"中，"国学之自体"及"治国学之法"，前既述之矣，今讲"国学之派别"，要可分为三端：（甲）经学之派别；（乙）哲学之派别；（丙）文学之派别。兹先述（甲）经学之派别。夫国学有不必讲派别者，如史学是。有零碎之学问，不能列为派别者，姑置不论，而论有派别之国学。盖研国学而不明真派别，有望洋兴叹、无所适从之憾。"经学"二字，前既言之，无特殊意味，盖经本史耳，史与经无甚区别。吾人所共知之六经，如《尚书》《春秋》，纪事书，即历史也；《诗》似与纪事无关，然不少为国事而作者，《国风》略少，《大雅》《小雅》俱谈国事，则亦史矣；《乐》，制度之书也，已失传；《礼》，则《周礼》为古之官制，《仪礼》为古之仪注，凡官制等，今俱入史部；惟《易》稍异，讲道而涉及高深，与史无关。然太史公曰："《易》本隐以之显，《春秋》推见以至隐。"盖《春秋》谈成败利钝，无论已；《易》则以无形之道而暗指事实，故《易》实一种社会学之书，专以推知各事者，讲之甚繁。夫世界之变迁，原有一定。本学问而讲，则学问为凡事之精华也。近代视《易》为宗教书之流亚，然周末无此风习，而此风习实起于汉。汉有古文家、今文家之别，此二者，即派别之所由生也。六经自遭秦火，已不完全，后有传经者出，遂渐渐推传。约计之，《易》有田何，而传之施、孟、梁丘、京（即孟之后也），共四家；《书》有伏生，而传之欧阳、大夏侯、小夏侯，共三家；《诗》有申公之《鲁诗》，辕固之《齐诗》，韩婴之《韩诗》，共三家，无总传者；《礼》有《仪礼》，由高堂生传之大戴、小戴；《穀梁》不在内，而《春秋公羊》，则由胡毋生而董仲舒，而严氏、颜氏，盖东汉曾定为十四博士也。总之，经之原本，罕有谈神怪宗教事者。惟汉末虞翻之《易》，于卜筮之说最盛。《书》则大、小夏侯，好为《洪范》五行等说。《齐诗》好言不经之怪，汉末翼奉附会五行、十干、十二支之说，以近于宗教。"《春秋》为汉制法"一语，似孔子已知将有汉者，可异甚已。夫纬书、谶书，俱近宗教，《易纬》仅如《月令》之类，《诗纬》《书纬》《春秋纬》讲鬼甚多。凡此恐视耶稣《创世记》尤荒诞也。此风起源于西汉末，系今文家所捏造者。夫所谓古文，《易》费氏、《书》孔氏、《诗》毛氏、《礼》桓公、《春秋》左氏，是古文家也。然古文家者，亦不过知有古本者耳。意者，古文者，得有篆书之古板书；今文者，以口传而后笔录之书耳。由此观之，古、今文之分别，不但文字有异，而篇数亦有不同，即事实亦不能无差异焉。秦火独不能烧《诗》，要因《诗》有韵，人人能背诵。故能烧身外之书，不能烧尽腹中之书也。《周礼》，孟子不甚明白，故曰："其详不可得闻。"又"周官三百六十"者，非三百六十员，而三百六十官名也。就当时之府史胥徒而计之，固有五万数千官焉。又《论语》《孝经》，古人本不认为经，而后称为"十三经"者，殆将诸书刊列一处，遂认为经耳。讲至此，时已六钟，遂停讲，下次再续。（按：临时笔记，恐多错漏，阅者备为参考可耳。至讲稿，闻省教育会尚须将记录整理，送由章氏订正发刊焉。）

《章太炎讲学第五日纪》（1922 年 4 月 30 日）

江苏省教育会延聘章太炎氏讲学，昨日午后四时，仍在职工教育馆讲述，系讲"经学之派别"，就"五经""七经""九经"，汉、唐、宋、明、清学者之派别，条分缕析，阐发无遗。听者动容。详情容续志。

《章太炎讲学第五日续纪》（1922 年 5 月 1 日）

江苏省教育会延聘章太炎氏讲学，第五次仍在教育馆，于四月二十九日午后四时至六时。所讲大概，曾志昨报，兹再详志如下。今日讲"经学之派别"。夫经学，三国时经王肃之提倡，当时人渐信仰古文，及晋而渐盛，几无复信今文矣。如讲《易》从费氏，其实费氏无学说，仅传其书。故后之倡学说者，仍各主一说，以相争论。郑康成与王弼说《易》，意见相左。《左传》，汉时有几家著作，如服虔、杜预，亦门户各分。汉时之讲《左传》者，每引《公羊》以为证，以致抵触极多，晋杜预著《春秋释例》以驳之。《尚书》郑康成注之，古文也，然不足信，以东汉已无古文也。如马融、郑康成，师生也，所主学说不同，文字亦不同。三国后，郑得列入学官，而伪古文之说以起，东晋时信之。南北朝时，北魏颇有文化，然派亦不同。如《易》则北尊郑（康成）而南尊王（弼），《毛诗》无甚异说，《左传》南信杜（预）而北信服（虔），《尚书》则只行于南朝耳。唐则有孔颖达、贾公彦，现行世之五经，即孔颖达注疏者。如《礼记》本非经也，而至是为经。唐又并《周礼》《仪礼》而为七经，更加以何休所注之《公羊》、范宁所注之《穀梁》，则为九经矣。孔、贾二人中，孔为北方人。北方之所尚，与南方不同。唐一统宇内，冶于一炉，宜无甚争，然北方之文化，究不及南方也。故孔虽北人，而于经则不能不舍北就南，《易》不用郑而用王，《左》不用服而用杜，卒之北并于南。虽在北而郑说失传而存王说，服说不行而存杜说。然于时南学、北学之分，固大炽焉。唐行科举，轻视经学，而仍用之者，以时有明经、进士两科，学者不能不攻习也。第彼时攻习经学，限于一本，自由意见，无从发展，盖用经非欲发挥经学，不过借以愚黔首。惟须实用之《周礼》《仪礼》，转极发达，一时研究甚精。宋承唐后，拘守殊甚，不但文，即诗赋亦如此。有某者于此拘束时代，特发一鸣惊人之论，释"当仁不让于师"之"师"字为"众"，文意极佳，竟舍弗取，可见彼时箝束之甚矣。《孟子》本无疏，而今传之疏实伪。宋时之明经科改为学究科，盖"学究"二字之价值，可以概见。明经不过尔尔，则经学之厄亦甚矣。进士科中，稍有才华，及宋不得不一大变。其变也，从孙复、欧阳修起。孙谓《春秋》左、公、穀俱不可恃，遂自为说经矣。孙之为此说，实本赵匡、啖助。宋刘敞说经甚好，有《七经小传》者，今不易见，其说殊可靠，既不泥古，亦不狂妄，以古解古，较为公允。王安石出，著《三经新义》，现亦不易得其板。然读其文集，王之说犹愈于欧阳修。以欧视《诗经》为男女调戏之书，致黄细素《杂记》本是以为说。此其病在以意想讲经，不知古今人情变迁，不明小学之故也。朱文公谬甚，说《河图》《洛书》、先天八卦、后天八卦等等。清王懋竑为文以辨之。盖朱非道学家，而道术炼丹，最为深信，讲《参同契》不用己名，假托"邹忻"，"邹""朱"音近，"忻"可训"熹"，良可怪矣。《尚书》文有平易者，朱疑为非古文。清代学者举证系东晋古文，此朱之功也。然《书序》决非伪，以无序不能知为某篇某篇。朱并疑之，则谬矣。朱于《诗》则大过，《诗》中之注说《小序》也，朱有称"此刺淫奔之诗也"云云，陈傅良大骂之。朱注"城阙为偷期之所，彤管为行淫之具"二语，真可谓荒谬绝伦。现行本中无此二语，或者被陈骂后而改之。"丘中有麻""彼留子国"等语，朱解为妒语，清代学者已驳之。果如所云，则作《诗》者亦如今之新文化者，专讲自由恋爱乎？吕东莱讲《诗》极好，惜当时不行。明则经学已无。夫清之反对朱者，最初为毛奇龄，然非之是也，而《四书改错》则未免过甚。《河图》《洛书》，清初胡渭（朏明）驳之。阎若璩力攻《古文尚书》，证据完备，近似汉学，然其病在本朱说。江永甚佩朱，而讲经则不佩之。清代之经学，有惠栋（定宇）、戴震（东原）二人，惠为吴派，戴为皖南派。戴非自著书而讲研究法，其以训诂解《仪礼》，以文字定训诂，以音声定文字，如此探本穷原，思过半矣。其传经之弟子，有孔广森、任大椿、段玉裁等三人。尚有一王念孙者，虽非戴之传经弟子，而能引《汉书》之甲处，以解其乙处，历代所不能通者，用此法则无不通矣。所著《经传释词》一书，为读古书者不可不读也。惠、戴而外，有庄存与、刘逢禄、宋翔凤等之常州派。王闿运等亦以经学家闻于时，惜未与惠等同时，否则相得而益彰矣。夫学派之别，初则有今文、古文之争，次则南学、北学，次则汉学、宋学，次则吴派、皖南派，今又将转入今文、古文，如此循环无端，永无止息，天地混沌，而学派之争始已欤？

《章太炎今日第六次讲学》（1922 年 5 月 6 日）

江苏省教育会延聘章太炎氏讲学，已经五次。今日午后四时，仍在职工教育馆为第六次讲学。据闻章氏此次讲学，虽每星期一次，每次两小时，然其撷菁采华，用极浅易之说法讲授，引初研国学者之入其门径。苟能继续听讲，十次讲毕，于国学之大概情形可以明白，胜闭户读书三年焉。座次仍以先到者尽前云。

《章太炎讲学第六日纪略》（1922 年 5 月 7 日）

昨日为章太炎氏第六日讲学，午后四时，在职工教育馆开讲"哲学之派别"，大致谓周、秦以迄宋、明。其学说之最新者，谓庄子为颜渊之一派，以《庄子》中虽有非孔之处，而于颜渊则阐扬最精，如"心斋"之类。唐代哲学，只有韩愈、柳宗元、李翱三人，内以李为最佳。次讲宋代朱、陆，次讲王阳明。是日发挥尽致，直至六时余始止。此"哲学之派别"仍未完毕，俟下期续讲云。

《章太炎讲学第七日纪》（1922 年 5 月 14 日）

江苏省教育会延聘章太炎氏讲学，昨午后四时，仍在职工教育馆续讲"哲学之派别"，历述元代以来之哲学家，阐发宗派，极为详尽。在有统系之听讲者，实觉津津有味。直至六时半始止。详情明日续刊。

《章太炎讲学第七日续纪》（1922 年 5 月 15 日）

江苏省教育会延章太炎氏讲学，前日为第七日，续讲元明清时代"哲学之派别"云。元代哲学家为吴澄（草庐）、金履祥（吉父）、许谦（白云）、王柏（会之）等。而以王说最偏，如朱文公，彼谓《诗》为"淫奔期会"之作，故欲自行删《诗》，亦可谓胆大妄为者矣。明宋濂（景濂）博览群书，然非理学家也。方孝孺（正学）无甚发明。所有朱子之学说，至是而绝，陆派亦散漫。其故由于明太祖专制太过，以致学者不能自由发挥思想。要之，明学派自成一代风气，非承袭宋代者。其最有名者有二人焉：一为薛瑄（敬轩），无所谓派，语亦寻常；一为吴与弼（康斋），野居而农，不应世，苦学不倦，读书又多，主身体力行。凡明代所传之学派，吴多而薛少。薛语尚正，惟行则不能无疵。吴为石亨所荐，有谓彼为石之门下士。虽有为辨者，恐亦不能免。此亦当时风气使然，不足怪。吴传派甚多，如胡居仁（敬斋）、陈献章（白沙）、娄谅等，为一时知名之士。然胡无甚发明，陈则发明不少。夫明代学者，有所发明以为尚，实自陈白沙始。陈不著书，以为著书无谓，惟诗则至富。此人系乐天派，筑阳春台，静坐三年。门下弟子从之者，亦啸傲山水以为快。其最乐诵者，为《论语》"浴乎沂，风乎舞雩"等语。至《孟子》"勿忘勿助"之语，亦殊赞成。盖彼以为"无时不乐，无一不快"也。其门下士为湛若水（甘泉），与娄谅所传弟子王守仁（阳明）同时并起。王阳明似喜讲道教者，少时交道家不少。延某道家至家，三拜而问道。道家笑对曰："求道而专以拜，犹宦海中习也。"后从娄谅，而与湛为友。湛之主要语，为"体认天理"。"天理"云者，自然之规则也。湛主一切顺乎自然，故湛之见解比王为高。阳明无所畏，惟畏死，究不知死后如何，无以验，乃筑石棺以试之。卧棺中，忽跃起，而得"良知"之说。并讲"知行合一"，谓"知"即"行"，凡"知"之恳切者即"行"，"行"至极精明之处即"知"。后复讲"静坐"，所著《传习录》中极多。原此"良知"之说，究竟有何所本？查宋胡宏（五峰）著有《胡子知言》一书，中有"良知"之说，惟说之未透耳，王说殆本胡氏钦？《孟子》亦云："孩提之童，无不知爱其亲也；及其长也，无不知敬其兄也。"此从感情上说。若王则范围广矣。佛学有（一）"相分"、（二）"见分"、（三）"自证分"、（四）"证自证分"，用此以释孟、王：孟说"良知"，仅属"见分"；王说"良知"，即"自证分""证自证分"矣。王论事不恃他物证，亦不必事后考虑，盖对人不许狐疑，对己不得懊悔。故有谓王阳明之说宜于用兵，最有决断，良有以也。阳明之弟子有钱德洪（绪山）、王畿（龙溪）、王艮（泰州）。王艮最狂，而弟子极多。惟黄黎洲《明儒学案》不佩两王，而最佩江西之弟子，如罗洪先、邹守益、欧阳德、聂豹等四人。罗云："人至极静时，心中未有不动者。"时有王时槐者，亦主静坐，谓无念即为一念，非无念也，而念之至微者，此即佛法中之所谓"意根，恒审思量"。设问曰：我何物？应曰：阿赖耶识即我。何以知我？即先有意根也；恒审思量，即想我也。人对于他有怀疑，对于我决无自怀疑者。王艮之弟子曰王栋，发明一语曰："意与心恐有别。"盖"意"非"心"之所发，"意"为"心"之所主。湛若水寿极长，主张与王极不同。其门弟子极多，而著名者不多见。此外有吕泾野者，说又与王、湛不同，要讲礼教而极纯正。有何心隐者，用术以倾严嵩，适如今之政客。李卓吾说奇异，与当世之讲男女同校者同。夫宋讲礼教过甚，至明而撤其防。穷则变，自然之势也。总之，宋儒讲礼教，明儒不讲礼教，此宋、明两代儒者之差异点也。王、湛本不同者，传至许孚远，则有会两说而同之之机。至刘宗周（蕺山），则别有发明"常惺惺"之说，此说朱文公亦尝说之。阳明同时有罗钦顺（整庵），或谓系朱派，其实不然。罗说只有"礼义之心"，并无"气质之心"也。又，宋儒谓"天理、人欲，不能并立"，罗则云"欲当即为理"，将"天理""人欲"二者而冶于一炉，视宋儒为进矣。盖此非袭朱文公之唾余，而罗所特出者。如王、湛二氏，俱可归为吴康斋派也。其后东林党出，如高攀龙、顾宪成等，诚有移风易俗之心。然东林派与政治有关，致为魏忠贤所谗害。李颙（二曲），王派而不自承为王派也，所说"一念万念"，究未说得明白。清代之学派不足论，如陆陇其（稼书）、汤斌等，无独得，不足道。江藩著《宋学渊源记》，书颇佳，所收殊富，惜其为清代官，则不足取。戴东原等，固打倒宋学者。戴不主遏抑人欲，功利学派也。如罗有高、彭绍升等，瑜不掩瑕，故不取。欧洲近代有所谓"唯心派"者，太理想而无实验，佛学所谓有"比量"而无"现量"也。总之，佛说多备于我国历代之哲学家，然今之讲佛学者，轻名节而不顾，亦未免缺点矣。

《章太炎讲学展期讯》（1922 年 5 月 17 日）

江苏省教育会延聘章太炎氏讲学，业讲七期。兹得确息，本星期六即五月二十日，职工教育馆因中华职业教育社开大会自用，不能同时作讲学场所，只能展缓一期，于五月二十七日续讲。省教育会闻日内即函知章氏，并设法通告听讲者云。

《章太炎讲学展期续闻》（1922 年 5 月 20 日）

江苏省教育会延请章太炎先生，于每星期六下午四时起，假职工教育馆，讲演国学一次，假定十期告一结束。自四月一日开讲，迄今已举行七次。本星期六，适中华职业教育社在职工教育馆开年会，讲学会不克同时举行。本报前经探得消息，曾志前报。兹悉该会现已商得章氏同意，延会一期，于二十七日起，继续讲演云。

《章太炎今日继续讲学》（1922 年 5 月 27 日）

上星期六，章太炎先生讲学会，因中华职业教育社在职工教育馆举行年会，延会一期，已志前报。本日下午四时，仍继续开讲"文学之派别"云。

《章太炎讲学第八日纪》（1922 年 5 月 28 日）

江苏省教育会延聘章太炎氏，在职工教育馆讲学。昨日为第八次之期，午后四时开讲，准时由沈信卿氏陪同登坛。章氏开讲"文学之派别"。首讲文体，谓传为纪载个人之事。本纪亦传例也，不过所纪为帝王之事，遂尊之曰本纪。论与说、辨等同，如庄子《齐物论》、贾谊《过秦论》等，初未必有"论"字，而"论"字或后加者。夫纪事之文，在文集之外者也。年谱亦属纪事之一种。传有家传，明代凡未入国史馆者，不得为家传。此误。盖传者，传述其事，各传其传可也。行状与传相似，为议谥之用。六朝至唐时之行状，不过加以考语之类。自李翱主张，凡行状不应仅注考语，应详注之。碑为国家大事，刻泐其功，如《裴岑记功碑》之类，然亦纪事也。惟庙碑不纯为纪事，墓碑为一个人者。表亦碑之一种。碣与碑同，不过碑大而碣小耳。表有表记、表颂两种，表记末无铭词者，表颂有铭词者。墓志，汉以前不见，晋后则有之，不多见。晋以汉代碑太多，故不许立碑。东晋末直禁止立碑，遂变而为墓志。墓志固瘗于土，为人所不见也。北朝、唐代并不禁碑，似可立碑，而不复用墓志。然碑费而墓志省，为经济计，宁存墓志焉。宋后墓志，有但述友人间之交情者。事略为纪事之文，或纪一事，或就正史中节出。奏，古无此，盖一种公事也。封事亦为公事，特一种密奏耳。表，大约为一个人者，或举荐人时用之。议，为众所议者，如石渠议礼之类。西汉《盐铁论》，由霍光召集多人，会议而讨论者。《白虎通论》，亦石渠议礼之类也。书，上书即奏记，下官与上官者即说帖，寻常友人以书，国际间亦以书。序，如《四库提要》，即各书之序也。或著者自序。题辞应在文之前，跋应在后。盖就"题"字、"跋"字言，应如此也。纪事叙事之处，尚有非归于文集者，有数种文体：（甲）数典之文，如官制，周之《周官》、唐之《六典》、明清之《会典》《六典》等，文法摹仿《周礼》；（乙）仪注之文，《仪礼》其初也，唐之《开元律》等俱是；（丙）目录之学，刘向《别录》、刘歆《七略》之后，有王俭《七志》、《崇文书目》《直斋书录解题》《四库提要》等，要皆本刘向《别录》；（丁）习艺之文，如各种算数书、农事书、医书等俱是；（戊）度地之文，即古之《禹贡》《水经注》《太平寰宇记》，近代《清一统志》《乾隆府厅州县志》《读史方舆纪要》等是。夫文学家之文章，古无派别也。派别之起自汉，如贾谊、董仲舒、太史公、司马相如、刘向等，以文著名。后之师承者，遂自倾向何方，以有派别，实则在古人未尝欲后之人附我而与人抗也。抑古之人以文学家名，未必其文果有出类超群之点，亦有文极好而并不以文学家名者。要之，称为文学家，必综合其品性而称之耳。陆机之文，晋至唐称道弗衰，其文平易而有丰姿，诚难能也。张燕公、苏许公为骈文之领袖。韩愈、柳子厚以散文著，其实韩、柳固从燕、许之文来也。韩好造字，欧阳修不以为然，以致訾《大戴礼》之"靾纮塞耳，前旒蔽明"而非之，遭人反驳。宋之宋郊、宋祁，文佳而才气不如韩。"八大家文"之名起于明，仅有八家乎？亦随集此，以矫当时科举之文之失耳。清之桐城、阳湖两派隐相对峙，而桐城盛。总之，谈文章者，官名、地名宜从今，而亲属等名，考之可信之《尔雅》等。实则不必故讲派别，以起无谓之纷扰也。

《章太炎九次讲学预报》（1922 年 6 月 3 日）

苏省教育会延约章太炎氏讲学，业经举行八次。本日为第九次讲学之期，仍定于午后四时起，在职工教育馆开讲。凡领券听讲者，应准时前往。并闻此次讲学，预定十次讲完，故有志研究之士，咸愿于此最后两期内前往听讲，以示有始有终云。

《章太炎讲学停讲一期之原因》（1922 年 6 月 4 日）

江苏省教育会延得章太炎讲学各节，迭纪前报。昨午后四时，往听讲者陆续到场，教育会职员先派车往接。至四时半，车夫持章氏回片云，章先生刻因实有特别要事，不克临讲。沈信卿氏遂即当众宣布情形，并表示事出临时，不及预告，致劳跋涉，良深歉仄，还祈下期仍到听讲云云。

《章太炎讲学确报》（1922 年 6 月 8 日）

据江苏省教育会职员云，上次章太炎氏讲学，实因章氏别有要公，致停讲一期。本星期六，业经与氏接洽，仍可于午后四时至六时讲述。地点前因听讲者源源而来，故迁往职工教育馆。兹经数次之考察，现在常来听讲者，即江苏省教育会会场亦足容纳，故本期起，仍改在西门外林荫路江苏省教育会讲述矣。

《章太炎九次讲学记》（1922 年 6 月 11 日）

江苏省教育会延聘章太炎氏讲学，业经讲述八次，曾纪前报。昨日为第九次讲学之期，地点迁回省教育会大会堂。四时开讲，到者不下七八十人。是日续讲"文学之派别"，为有韵之文章。氏云：诗，有韵之文也，然有韵之文，不以诗为限。如辞赋、箴铭、祭文之类，都有韵者。而无韵之赋，为特例耳。如屈原之《离骚》、贾生之《鹏鸟赋》等，为有韵文中之有名者。《毛诗》三百篇，分风、赋、比、兴、雅、颂等。晋代文学家极多，陆机、潘岳为有名者，而张华之诗无力。东晋时，有孙绰、许询，俱诗家也。而孙诗至庄，其"太虚辽廓而无阂，运自然之妙有"等句，直蕴藉有味，非易得之佳句。"妙有"二字，出佛经。刘琨之诗佳，而不常作。总之，彼时之诗，或为境遇所迫，而致激昂慷慨。陶渊明之诗潇洒脱俗，有田舍风味。其写风景妙得自然，不加经意者也。前乎陶氏之诗，写风景者罕见。谢灵运、颜延之，继陶而起。颜诗固高，然佶屈聱牙。谢诗句求凝炼而无疵。宋、齐之间，谢朓，人称为小谢，写风景远而且自然。梁时有永明体者，律诗也。以谢、颜之诗不可卒读，故改此体。彼时之律诗，与后之律诗异。有《四声谱》者，与曲谱等同。《文选》中有南朝诗，无北朝诗，而《木兰从军行》，固北朝诗也。何逊、阴铿等之诗，非全篇尽佳，不过有几句佳构耳。隋杨素，武人也，又为奸雄，然诗极好。时一般诗人太清淡，而杨则气势雄壮，不加雕琢，便觉为佳矣。如"空梁落燕泥""庭草无人随意绿"等句，真为警句，众便称之。夫诗随时代以变迁，古今不能相同也。唐初无律诗，后有似律诗而不甚费力者，如五律诗等是。沈佺期、宋之问等气魄不大。夫文穷则变，诗亦有然。四言诗将穷，则进而为五言诗；五言诗至唐而穷，则进而为七律诗。然初倡时，必苍苍茫茫。张九龄、陈子昂、李太白等三人之诗，为复古者。陈诗与古绝似，几不能辨为齐梁以下之时之诗。其实此时之诗，都渊源于陶渊明也。李律诗极少，气极高。复古之诗，至李而达极端矣。元稹之诗，比杜工部高，而排比者，与汉代之赋相近。杜诗佶屈聱牙，多不可解。盖古之才力厚，后之才力薄也。昌黎之诗好用典。韩与杜相同，而韩远不若杜。柳子厚作文极雕琢，诗殊不经意。宋代之诗则喜对仗。唐代作诗，好用佛经中字。王荆公喜律诗，以《汉书》字为对，无甚意味。然"白法调狂象，玄言问老龙"之句，固工而厚焉。其以字旁之偏为对，如"何言汉朴学，反似楚枝官"之句是。盖唐诗自然，而宋诗则强以字对矣。宋《沧浪诗话》云："诗有别才，非关学也；诗有别趣，非关理也。"此说极是，盖诗亦不可勉强也。范石湖、刘后村，亦诗家也。夫江西派之诗，七律佳，而五律则否，且起首两句总对仗者。明代之诗华美。王士祯、朱彝尊、查慎行等，亦诗家也。彼时之诗，注重考据，无谓已极，盖失诗之气味矣。有作对仗诗者，如"足以乌孙途上革，头几黄祖座中枭"两句，工则工矣，气息全无，活趣索然，视白话诗益不如矣。古代之诗全篇俱佳，晋代则间有好句而可以圈出者，明、清以对仗之工者为佳句，后则更不可问矣。欲作诗，须读诗，然天才亦要紧。至无韵之诗，吾亦应为一述，眆于何时。唐史思明倡之，其来华也，学作诗，不能，则强为之。曰："樱桃一篮子，一半青，一半黄……"鄙俚已极，可笑甚矣。世有欲为无韵诗者乎？其当奉史思明为鼻祖。

《章太炎十次讲学纪》（1922 年 6 月 18 日）

日昨为江苏省教育会延聘章太炎氏第十次讲学之期，午后四时，仍在该会楼上讲述。首由沈信卿氏报告，今日太炎先生讲"国学之进步"。章氏遂讲云：国学之进步，要可分为三种：（一）经学以比类知原求进步。夫求学而以略明大致即为满足，此清代之曾国藩、张之洞辈，为官而不能悉心求学者则然，清代所以缺乏好文学家也。如欲真为学问起见：（甲）为教员者，参考互证，析疑问难，所谓"温故知新，可以为师"，然此未必有独特之发明者；（乙）学者，不仅如上所述，必依前人之条理，而更有所发明，以成新条理，使众人认为学者。夫昔之讲经学者，要将前人所述之事迹原理，讲解清楚即是。其实讲经学不可与史学分，但究史学而不明经学，不能知其情理之所在；但究经学而不明史学，亦太流于空论，不能明其源流也。且读史必读全史，而后能明一代之史。经，亦史也。吾谓比类知原者，即究经学时，可以《汉书》等而印证之。书各有本，如官制之原于《周礼》，仪典之原于《仪礼》，纪事书之原于《春秋》，年表、本纪事亦本于《春秋》。又如讲地理，不可不问沿革，盖知沿革而可以知其所变，风俗道德亦变。讲史学者，不可不溯其开原之处。经，即最古之历史也。如此言之，适与泰西之社会学相似。然社会学之范围广，而史之范围狭，此其异焉。总之，讲学最忌第一武断，第二琐碎。必也求明其大体，斯可矣。（二）哲学以直观自得求进步。晋之清谈，理虽高而不足征。宋之理学，渐有征矣，然不多读书，而从事注经，绝少直观自得。清代讲学，但从文字上求之。即如陈兰甫之著书，论道德仁义，亦仅能说宋儒之错。明王阳明等各本所思而为学说，所想不同，而归宗仍一，所谓"殊途而同归，一致而百虑"焉。西人之哲学，佐证极少，不过论理圆满，文章周到，而较精密耳。凡学问之道，他种不能走两极端者，独哲学则可走两极端。然极端之论，除讲学于学校外，无所用之。彼讲天文者，推算太阳之距离、速率，渺茫难证，然亦止可如此。若夫心则不然，固可印证焉。如不求直观自得，恐亦不过如朱子之说书耳。（三）文学以发情止义求进步。情，出乎自然者也；义，即法制。桐城派于文章特立法度，如吟诗之有格律，亦止于义之道也。虽然，文有发乎情而不能以法度限者，如侯朝宗、魏叔子等。明末遗民，抑郁不平，其文有情而极少法度者矣。黄黎洲、王船山诸氏亦然。顾亭林谓韩昌黎欲因文见道。夫韩之碑版甚多，见道极少，然《书张中丞传后》，为不得已而作也。东坡之文好翻案，实则揆诸当时情形，未必吻合。盖文章之有情而无规则者极多，有规则而无情者亦不少。人谓章太炎为正统派，此非余之欲主正统，盖为文而不先绳以法度，恐将画虎不成而反为狗，曾不如守法度，而遇情生时下笔为文，则庶几矣。大抵古人情浓，故文每见佳，近几年则难及之矣。讲毕，沈信卿氏报告谓：本会延太炎先生讲学，已十次。就先生之学问，虽讲极长之年月不能尽。然诸君得此，亦可作为入门之径，由是而购书参阅，穷讨极研，不负先生此次指导之热诚，则无愧矣。余以为求学问，须"自己站住脚跟"，然后有"我的精神发动"，而有"兴味"。要知先生之受人崇拜，不但学问，更为（一）人格上之修养，（二）自找头路。诸君其熟察之。

《民国日报》系列报道辑录

《省教育会请章太炎讲国学》 （1922 年 3 月 29 日）

江苏省教育会因西方之新学说，或已早见于我国古籍，借西方之新学以证明我国之旧学，此即为中西文化沟通之动机，故请章太炎莅会主讲国学，业已发出通告。所订定之讲题及讲演日期时间，附开如后：

（讲演期）四月一日（星期六）起，每星期六午后准四时二刻开讲。有志研究者，并得于讲毕后质疑问难。志愿听讲诸君，务请于四时二十分齐集。

1922 年 3 月 29 日《民国日报》刊登《省教育会请章太炎讲国学》

（讲演顺序）第一次论"国学大概"，第二次论"国学派别"。凡志愿听讲诸君，幸先自审量，对于国学确有研究之兴味，并能按期准时听讲不至中辍者，即日开示姓名，预向本会报告，以便预留坐位。

《章太炎本日起演讲国学》（1922 年 4 月 1 日）

江苏省教育会自本日起，每星期六下午四时二刻开始，延请章太炎先生主讲国学，已志前报。兹悉预函报名志愿按期赴会听讲者，竟有五百余人之多，而该会会场只能容纳三百五十人，故报名较迟者已专函止驾。其已留坐而未领听讲券者，须于下午三时以前到会领取，无券概不招待云。

《章太炎先生讲演国学记（一）》（1922 年 4 月 2 日）

昨为章太炎先生在江苏省教育会讲演国学之一日，听讲者四百余人，先由沈信卿君致词。次太炎先生讲演，历二小时，毫无倦容。听者亦始终肃穆，此诚国人注意学术之好现象也。兹录详情于下：

▲昨日之讲题。太炎先生此次讲演，已发表之拟题，第一次为"国学概论"，第二次为"国学派别"。据沈信卿君对记者言，此两题讲完以后，或再延长，亦未可知。昨日所讲者即"国学概论"，先生先将其细目写出：（甲）国学之自体：一、经史非神话；二、经典诸子非宗教；三、历史非小说传奇。（乙）治国学之法：一、辨书籍底真伪；二、通小学；三、明地理；四、知古今人情之变迁；五、辨文学应用。但讲演两小时，仅将（甲）部分讲完，其（乙）部分只能俟诸下次，其详细演稿，当在明日《觉悟》栏发表。

1922 年 4 月 9 日《民国日报》刊登《章太炎先生讲演国学记（二）》

　　▲听众之诚挚。此次讲演，江苏教育会预登广告，以报名先后定座次，然该会会室只容三百余人，而至前日止报名者已达五百余，该会只得将报名在后者专函挡驾，故此次向隅者异常之多。昨日听讲各人，就记者所见，各学校校长、教职员甚多，博文女学黄校长及教员数人均到，各校学生自然不少。而其中更多记者平素熟知其为欢迎新思潮者，此可知能迎接新潮流者多为好学之士也。又如穆藕初君亦到会听讲，则尤实业界之难得者矣。

《章太炎讲国学更改地点》（1922 年 4 月 4 日）

　　▲下次起在职工教育馆。

　　江苏省教育会延请章太炎先生主讲国学，迭志本报。兹悉四月一日第一期开讲，报名者竟有六百余人，临时到会者又有一二百人，而该会会场狭小，仅能容纳三百五十余人，致后到者均不及招待。现该会为谋推广坐位起见，已商定迎薰路中华职业学校附设之职工教育馆内，计可容坐位千人，已通告于四月七日以前继续报名领券，发券至一千号为止。查迎薰路系新辟马路，交通亦甚便利，自中华路经旧尚文门向南，即抵该路，车马可直达该校门首。

《章太炎今日续讲国学》（1922 年 4 月 8 日）

▲下午四时半在职工教育馆。

江苏省教育会请章太炎先生主讲国学，第一期已于本月一日举行。嗣因报名听讲者异常踊跃，决定自第二期起，改在尚文门外迎薰路中华职业学校附设职工教育馆内开会，声明扩充坐位至一千人。注意国学诸君得此消息，争先前往索取听讲券，至昨日下午已满足一千人。本日为第二期，讲演仍于下午四时半开始。听讲诸君须于四时二十分以前齐集职工教育馆。

《章太炎先生讲演国学记（二）》（1922 年 4 月 9 日）

昨为章太炎先第二次讲演国学之期，地点改在迎薰路中华职业学校附设职工教育馆，听者近千人。先由沈信卿君致词，次章太炎先生演讲。并于讲台上置发音机一具，倘有演讲中重要之语，则由机内传出，以便座在较远者。昨日之讲题，系衔接上次讲演"国学概论"内之"（乙）治国学之法"：一、辨书籍之真伪；二、通小学；三、明地理；四、知古今人情之变迁；五、辨文学应用。但因该处尚有别项集会，仅讲一小时，至第二项"通小学"而止。其第一项"辨书籍之真伪",略云:经、子、史中均有后人伪造,数千年来受其欺罔者。如经中《尚书》五十八篇中二十五篇系枚赜所作。《汉魏丛书》之子贡《诗传》系丰坊所作。《孟子》孙奭注、郑氏《孝经注》亦皆伪作。《古文尚书》及孔氏《传》虽亦伪作,尚较为有价值者。至子中,则《吴子》《列子》《文子》《孔丛子》《关尹子》《黄石公三略》六子均为伪书。《列子》取材于佛经,说理甚圆,当系佛教入中国后之作。虽《史记》中提及列子,然汉人引用《列子》语者无一见。《文子》则抄袭《淮南子》者。《孔丛子》则附以《小尔雅》作标榜。至史,则正史关系一代纪载,不敢伪造,别史则伪者甚多。如《越绝书》托名子贡,及《飞燕外传》《汉武内传》《吴越春秋》《竹书纪年》等均伪者。吾人于哲学之书,仅求其理,于真伪尚可勿论,若考求史料及实际,则真伪不可不辨。又有真书中间有后人附会者,若扬雄后太史公百余年,而《史记》中已述及之,然以此即谓《史记》全系伪作,则不可也。康有为谓汉以前书,均为王莽、刘歆删改,无一真本,此实无稽之谈云云。第二项"通小学",略云:小学本为古时儿童识字之学,今因数千年方言、文字之变迁,或为专学,惟读古书不能不明小学。或谓通小学只须用《说文》一书,实不然。《说文》仅讲形体,而通小学须兼及训诂及音声。《汉书·艺文志》云:"《尚书》,直言也。""直言"即白话,如《尚书》中之殷《盘》、周《诰》,即为当时之白话告示,因古今方言之变迁,至难索解,则非通小学,不能得正确之解释。不特古书为然,即唐时文章,如韩、柳之文,亦有诘屈聱牙之处,亦须通小学方能明解。至唐以后,则与今文无甚分别,读者易于索解矣。人有以古书任己意解释者,必致错误。如朱子不通小学,故注《四书》《尚书》皆误。如《大学》中"致知而后格物","格"通

"来","来"通"至","至"通"极","极"通"穷",以"格物"作"穷物"解，宁非不通？又"敬事而信"句，"敬，主一无适之谓"，"无适"解作"无至"，亦大误。"无适"实"无敌"之谓，出《淮南子》。清人毛西河驳朱子，然亦不通小学，故所驳亦皆误。桐城派作文，亦有引用古书者，惟知之则用，不知则不敢用，故尚无贻笑处。若讲哲学之书，似可不通小学。然作者喜引经据典，故亦非通小学不可云云。讲毕，众鼓掌而散。惟听众有从他处远道而来者，对于讲演时间短促，颇引为憾。太炎先生亦自愿加长演讲时间，俾可于十个星期讲毕。闻省教育会将另拟办法，以便听者。至是日演讲详细纪载，请阅明日本报《觉悟》栏。

《章太炎讲演国学纪（三）》（1922 年 4 月 16 日）

昨为章太炎先生第三次讲演国学之期，地点仍在迎薰路职工教育馆，听众较上次为少，约四百余人。四时起讲演，仍衔接前次所讲"（乙）治国学之法"内"三、明地理""四、知古今人情之变迁""五、辨文学应用"。其第一项"明地理"，略云：地理本为补助别种学问，并非独立，有天然、人为之分。中国讲地理之书籍甚少。关于天然者，仅有《水道提纲》《水经注》等书。关于人为者，有《读史方舆纪要》《李申耆五种》等书，但无甚重要，仅可备为检查之用。古文多与地理有关，不明地理，则不明地势，读书趣味索然。周至汉地理尚可查考，其最难者莫如南北朝。尤以北朝为复杂，有一地而有数名者，令人莫知适从。不明地理者，往往闹出笑话。如郑樵《通志》，郑为南人，其言北方地理，错误很多。又如诸葛亮"五月渡泸，深入不毛"，此"泸水"即今之金沙江。有人以为即四川泸州，则大误。今之泸州，乃唐代所设，前临大江，并非不毛之地也。第二项"知古今人情之变迁"，略云：理学家谓古今道德不变，实不可信；新学家斥旧道德野蛮，亦未尽然。实则除人伦道德外，社会道德每随政体为转移。封建时代之风俗道德，多与郡县时代不同，前者为贵族的，后者近于平民。譬如《大学》有"治其国者，必先齐家"之语，然如唐太宗杀兄通弟媳，而贞观称治，则又何说？此殆封建时代，"家""国"之分甚少。所谓"家"者，乃"千乘之家""百乘之家"之类。故不"齐家"者即不能"治国"，犹不能治一县者必不能治一府也。郡县时代，则"家"与"国"大异。故唐太宗家政虽乱，而偏能治国。又有现在以为善者，古时以为不善。封建时代以保家为第一义，晁错忠于汉室而诛三族，故《汉书》反责其不善，即太史公亦同此眼光。盖贵族之风如此，不保国与不保家，一例也。汉虽非贵族，然余风未靡。贵族制几如土司，帝王之家人，亦与帝王同视。在位者不能任事时，其伯叔父兄可以代摄。如周公辅成王时，竟自称王，即其例也。又古俗父死奔丧，自汉末至唐止，虽期服亦丁忧，甚至有妹死、妻死亦去职奔丧者。后渐减轻，至明则仅父死奔丧矣。第三项"辨文学应用"，略云：应用之文，有骈体、散体二种。唐韩、柳倡散体文，痛诋骈体。至清阮元则又力倡骈体而诋散文，抬出孔子，谓《易经·文言》和《系辞》都是骈文。又分有韵与无韵二种，有韵为诗，无韵为文。诗必须音韵可达，《尚书》有"诗言志，歌咏言，声依永，律和声"云云，可见必有韵方能传达情绪，若无韵亦能传达情绪，则亦不必称之为诗。譬如日本和尚吃肉娶妻，亦未尝不好。但我曾说他们可称居士之类，不必称和尚。骈体、散体各有应用之处，如序复杂之事，必须列举纲目，此即骈体。叙事文无论如何，须用散体。但骈体亦非绝对用四六，只要有对偶，均可认为骈体也。唐宋之间，判案亦作四六文，曾有《龙筋凤髓判》一书，专载此类文字，实为无谓。又论白话文，以为能使人易解。然必谓白话文方能传达真相，亦属误会。《尚书·顾命篇》有直纪病危时舌大之句，《史记》亦有直记口吃之句，如"臣期期不敢奉诏"之类。此固以白话传真，然白话亦非皆能传真。二程、朱、陆皆有语录，二程为河南人，朱子福建人，陆象山江西人，如果各传真相，应所纪各异，何以语录皆同一体例？又如今之李石曾、蔡孑民、吴稚晖会谈，一操官话，一绍兴话，一无锡话，何以纪成白话文亦都相同？此可见白话文能传真相，亦非尽确实云。

《章太炎讲演国学记（四）》（1922 年 4 月 23 日）

昨日为章太炎先生第四次讲演国学之期，地址仍在中华职业教育馆，听者约二百余人。下午四时半开讲，题为"国学之派别"：甲、经学之派别；乙、哲学之派别；丙、文学之派别。讲"经学之派别"，略云：国学派别甚多，但有的不必讲派别，如史学等。有的还未成派别，如几种零碎的学问。惟经学派别最著。经即史也，六经皆史。六经为《诗》《书》《易》《礼》《乐》《春秋》。《乐》经已佚；《尚书》《春秋》之为史，人所共知；《诗》亦为国事而作；《礼》有《周礼》《仪礼》《礼记》三书，《周礼》记官制，《仪礼》叙仪注，此皆历史应记的制度；《易》则以古推今，高深玄妙。太史公云："《易》本隐以至显，《春秋》推见以知隐。"可见《易》根原则一，《易》乃历史，与《春秋》作用不同之精华也。汉时因尊经太过，遂近于宗教。当时言经者，有今文家与古文家之分，遂成派别。今文、古文之分，由于六经皆遭秦火，其据当时传经之士写出者，谓之今文；后由壁中或冢中发见者，谓之古文。原只版本不同，然其后争端大起。今文家《易》有田何生；《书》有伏生；《诗》有申公、辕固、韩婴（即《鲁》《齐》《韩》三家）；《仪礼》有高堂生；《春秋》有胡毋生（《公羊》）、瑕丘江公（《穀梁》）。后立学官，置十四博士。田何生之《易》为施、孟（京）、梁丘。伏生之《书》为欧阳、大夏侯、小夏侯，《诗》即《鲁》《齐》《韩》三家；高堂生之《仪礼》为大戴、小戴；胡毋生之《公羊》传至董仲舒而为严、颜二氏。此为今文家，多怪诞不经之言。京房氏之《易》，注重卜筮；大、小夏侯之《书》，专重《洪范》；《齐诗》至翼奉，专附奉五行干支；大、小戴尚多怪话；董仲舒之《春秋繁露》及何休注《公羊传》，皆多怪妄，如谓孔子作《春秋》，预知汉之将兴，故有"《春秋》为汉制法"之语。至于谶纬，更专记神怪。谶为预言，今鲜存者。纬则五经皆有，亦托孔氏。其中《春秋纬》最怪诞，所述孔子，几如新、旧《约》之耶稣矣。古文家则《易》为费氏，《书》为孔氏，《诗》为毛氏，《礼》为桓公，《春秋》为左氏。《周礼》只有古文，出自山岩屋壁，战国时人多未见。荀氏见过，孟子即未见。故设官之多少，封建之广狭，《周礼》与《王制》《孟子》皆不同。古文家绝少怪诞之语。又如《论语》《孝经》，古为传记，《尔雅》原当时训诂书，其与《诗》《书》《易》、三《礼》、《春秋》三传并列为"十三经"，则始于宋时云。

《章太炎讲演国学记（五）》（1922 年 4 月 30 日）

昨日下午四时，为章太炎先生第五次讲演国学之期，听者约二百余人，讲题衔接上次"国学之派别""一、经学之派别"未尽之意。

略云：三国时经王肃等之提倡，人渐信古文。自三国至清，风气一变，今文几将泯没。东晋至南北朝，分南、北派，南宗王弼、杜预，北宗郑康成、服虔。至唐时，讲经学者有孔颖达与贾公彦，有南学、北学之分，但南胜于北。孔颖达本北人，但不能不屈于南。唐轻学校而重科举，当时分明经科与进士科。明经科即专重经、史，但科举不许违背五经，一字一句，均须依古。学者墨守成规，不能发挥己意。故唐自孔、贾以后，论经者无善者矣。宋一切均承唐旧制，其束缚学者之处较唐尤甚。邢昺虽亦言经，然不过将贾、孔之言加以解释而已。后宋将明经科改为学究科，人心被锁，愈趋腐滞，故后人谓腐儒为学究也。后孙复、欧阳修欲矫正之，但所言均不佳。刘原甫说经，较孙、欧为佳，曾著《七经小传》，既不专依古书，亦不妄言，惟将古文不通处解释耳。后王安石著《三经新义》，荒谬处甚少。王从事政治，攻击者兼攻其文，实则不足凭也。但其门生多不明小学，不知经学之历史，不及王远甚。南宋朱熹即其一。朱好武断，如古书多为政事而作，每有以男女相悦以喻君臣，朱竟误以为真。朱解《诗经》，曾以"城阙为偷期之所，彤管为行淫之具"，又谓"丘中有麻，彼留子嗟"为吃醋之语，岂非荒谬绝伦？清朝毛西河驳朱，但自己荒谬处亦不少，后学者乃改而研究汉学以解纷。讲汉学者有惠定宇与江永、戴东原等。惠著有《周易述》等书，成苏州派，由苏州派又成为吴、皖二派。后宋于庭复翻古今文成案，树常州派之帜，近于今文。宋于庭讲《四书》极荒谬，俨然有宗教之意。大概近康有为等所倡孔教即基于此。康有为、王闿运亦常派，但彼等仅可说近于今文派，若一定名之曰"今文家"，尚无此种资格也。

《章太炎讲演国学记（六）》（1922 年 5 月 7 日）

昨日为章大炎先生第六次讲演国学之期，地点仍在职业教育馆，讲题系衔接"国学之派别"内第二项"哲学之派别"，略谓："哲学"之名词，为一般人所通用，然考之实际，尚不甚适当，惟求一较善之名词，亦不可得耳。古代关于哲学之书，以子类为最多，经中则甚鲜。《易经》关于哲学之处虽多，然此书本古之社会学也。《论语》一书，伦理道德、哲学参半。惟儒学、道学言哲学者甚繁，儒学家如孟子，道学家如老子，所讲各有不同之处，盖儒学家范围小，道学家较宽也。荀子言哲学，颇有效《论语》之处，但不似杨雄之完全引用耳。庄子与孟子系同时言哲学者，但因趋向不同，从未面质。庄子之学虽渊源于老子，但与老子亦微有不同。如"自由""平等"四字，素为一般宗教家之口头禅，而庄子之见解独异。庄子之《逍遥》篇即言"自由"，《齐物论》即言"平等"。但普通均以不被人侵犯为"自由"，《逍遥》篇则言无论何物均"有待"，如鲲鹏虽大，无南海则不能容，无巨风则不能行，"无待"方可为"自由"也；普通皆以无阶级为"平等"，《齐物论》则以"无是非"为"平等"。哲学于战国为最盛，至汉乃退化，竟目之为"九流"。汉武帝时，曾不许学者讲"九流"。后杨雄讲哲学，立论虽浅，尚少迷信之语。然东汉虽较西汉为佳，真正哲学家亦无其人也。魏以后，老、庄又复兴。自魏晋至六朝，佛教渐入中国。当时不重讲经，言哲学者大半隐于佛教，亦因老、庄之说太猖狂，佛教言哲学较稳定也。大概哲学只盛行于乱世，在升平时代则退化。唐韩愈文章虽美，于道学不十分透澈，亦不能讲哲学。柳宗元道学较深，试观其《天说》一文，其论理处即高出韩愈之上矣。韩愈自命博学，以为老子即当世之道士，乃大误。韩愈后因贫，志气渐堕落。

试观其《谏迎佛骨表》，何等梗直，后竟为劝请封禅献媚之文，暗中与佛教大颠往来，表面又否认信佛。同时李翱较韩高深，曾著有《复性书》三篇，颇佳。至五代以来，习佛教者渐多下流社会矣。宋讲理学者，有周敦颐、程明道、程伊川，多含哲学。程明道比较伊川为佳。后陆象山与朱熹互相诘难，就二人论，陆实胜于朱也。明王阳明又较象山为高，但因反对朱熹之故，遂以陆象山之言为根据云云。

《章太炎讲演国学记（七）》（1922 年 5 月 14 日）

昨日下午四时，为章太炎第七次讲演国学之期，地点仍在中华职业教育馆。讲题衔接上次"哲学之派别"，其详稿俟在本报《觉悟》栏发表。

《章太炎讲国学延会一期》（1922 年 5 月 20 日）

江苏省教育会延请章太炎先生，于每星期六下午四时起，假职工教育馆讲演国学一次，假定十期告一结束。自四月一日开讲，迄今已举行七次。本星期六，适中华职业教育社在职工教育馆开年会，讲学会不克同时举行，已由该会商得章先生同意，延会一期，于二十七日起继续讲演云。

章太炎氏近在省教育会演讲国学，颇受学子欢迎。此间演讲毕后，尚须赴杭州教育会演讲之约。章氏本寄寓沪上，现因此间过于烦嚣，托友人在苏州购置相当房屋，以便专心典籍云。

《章太炎今日继续讲国学》（1922 年 5 月 27 日）

上星期六章太炎先生讲学会，因中华职业教育社在职工教育馆举行年会，延会一期，已志前报。本日下午四时，仍继续开讲"文学之派别"云。

《章太炎讲演国学记（八）》（1922 年 5 月 28 日）

昨日下午四时，为章太炎先生第八次讲演国学之期。听者六七十人，地点仍在中华职业教育馆。讲题系衔接上次"国学之派别"第三项"文学之派别"，略云：文之体裁，古分碑、碣、表、传、序、论、议、奏等类，其意义各有不同。碑、碣均称扬个人之作，东晋曾不许立碑，唐以后遂无禁碑定律。又有题词与跋二种。"题"乃额之谓，即在前之意；"跋"为足根，即最后之意也。至于文学家之范围甚广，治文者思想不同则有之，初无所谓派别也。汉之贾谊、司马迁、杨雄、邹、枚均文学家之先进者，但此数人虽名垂后世，当时并无人重之。次如东汉班固，曾著有《汉书》，语气颇有力。至蔡邕，仅长于作碑榜而已。又有文学虽好而不以文名者，如崔寔、仲长统是已。三国时文学家，魏仅曹操父子三人，但三人多诗赋，文章甚少；别有徐幹。吴有张昭、陆机、陆逊，然均无特长。但陆机，东晋抱朴子及唐太宗均极赞其美壮，实乃袭两汉之遗风也。汉文厚重典雅，晋文华妙清妍。汉文刚，自晋至南北朝柔。至唐韩、柳，隐然有复汉之概，是以韩有"文起八代之衰"之称。宋经五代之乱，文学渐衰，奏摺手诏均用四六。欧阳本习四六，故文章亦近于骈体。曾子固、三苏则均由欧而出。南宋以后，渐趋于科举文字。由南宋至明朝前半代，均盛行此等文字。旋有前、后七子出，欲习秦汉，挽回颓风，然因才力不足，人称其文为"伪体"。七子之后，归有光出，仍学欧、曾，因得极似，反较前、后七子之名为佳。由归氏遂产出清之桐城派。桐城派之方苞虽学归，然并不较归善，因气魄较大，遂成派焉。姚惜抱胜于方。若刘大櫆，则系滥竽充数者矣。管同、梅曾亮虽亦桐城派，但文字仿佛词曲，已派亦多不以为然者。惟曾国藩能扫除靡风，俨然有两汉风味。明时合韩、柳、欧、苏、王、曾等为"八家"，实则韩、柳与欧、曾绝对不同。桐城称派亦大谬，盖文章有公式而无派别也。

《章太炎讲学更正地点》（1922 年 6 月 9 日）

太炎先生讲学会发起之时，原定在省教育会开讲，嗣因报名者异常踊跃，遂改借职工教育馆开会，扩充名额至一千。兹因查悉按期到会人数，教育会会场已足容纳，且会所地点较为适中，交通亦较便利，故自本星期六（十日）起，仍在江苏省教育会开讲，时间仍下午四时起，并不变更云。

《章太炎讲演国学记（九）》（1922 年 6 月 11 日）

昨日下午四时，为章太炎先生第九次讲演国学之期，地点改在江苏省教育会，听者七十余人。讲题仍衔上次"文学之派别"，略谓：以前所讲为应用之文，今所讲为有韵之文。诗、词为有韵之文字，然古之赞、祭文等亦多有韵者。《周礼》有"六诗"之分，即风、赋、比、兴、雅、颂是也。郑康成谓风、雅、颂中即含有赋、比、兴，此乃附会之言，不足为凭。至赋、比、兴三种，今只见赋，比、兴已不可考。战国之后始有赋，大概言情为风，言物为赋。诗起于汉，高祖《大风歌》即近于诗。后有《古诗十九首》，为五言之宗。古盛行四言，变五言。作四言最佳者，仅魏时曹操，其子亦不弱。魏末仅阮籍能诗。晋之左思，风格甚高。东晋可谓无人。陶渊明为隐逸之诗，后谢灵连、颜延之继陶而起。宋、齐间谢朓出，后沈约之制《四声韵谱》，变为律诗。南北朝诗亦不多。隋杨素诗甚佳。古诗、律诗至是乃一变。唐王勃、骆宾王等亦尚佳。沈佺期、宋之问气魄大，对仗工稳。变五言律诗为七言律诗。陈子昂、张九龄复古。王维、孟浩然学渊明。李太白亦系复古者，惟气势雄壮，胜于古人。杜能开新路，惟好用典。昌黎亦喜用典。韦、柳则与王、孟相近。元微之、白居易随便下笔，不事雕凿。欧阳修、梅圣俞诗均不佳。苏东坡则滥用佛经语。王荆公过拘诗律，毫无大方气。南宋陆放翁，毫无诗义。后江西派出，长于七言诗。元、明两朝诗均不佳，至清已丧尽矣云云。

《章太炎讲演国学纪（十）》（1922 年 6 月 18 日）

昨日为章太炎先生第十次讲演国学之期，地点在西门教育会，题为"国学之进步"，听者约八十余人。略谓：中国之学问，至清代已告大部分成熟，曾国藩、张之洞辈竟以清代为已臻极峰，后人仅能步趋其后，欲超逸以过之，难乎难矣！在我则以吾侪欲涉猎普通学问，作讲习之用，则追随古人之后，亦大足已。若欲自立一家言，则非更进一竿不可。今日所讨论者，即求进步之方法：一，经学以比类知源求进步；二，哲学以直观自得求进步；三，文学以发情止义求进步。盖经学至清代，于训诂之间，已症结暂去，所未加功者乃其会通之处。吾侪诚能比类求源，则有进矣。哲学在晋代则清谈，为表面之议论。宋明理学则内证于心，而功夫亦未精深。故此后欲求进步，必直观自得而后可。文学欲更进于古人固已甚难，而吾侪若能发乎情，止于义，则行文当可驾清而上之，诗则驾宋以下而上之矣，惟在吾侪之努力耳。此次讲演为本题最后之结束。讲毕，沈恩孚起述此次讲演之宗旨，除感谢太炎外，并勉听者自己努力。遂散会。